Vom B

Freiburg – St. Bl

WW
V

SIEGFRIED STERNER

Vom Breisgau zum Bodensee

Freiburg – St. Blasien – Schaffhausen – Radolfzell

WWV

WALZ WANDERFERIEN VERLAG

Taschenbuchreihe für Wanderfreunde

Titelbild: Blick vom Randen in den Hegau.
Aufnahme: Rudolf Walz

Kartenskizzen: Rudolf Knocke
Höhenprofile: Robert Walz

ISBN 3-88650-004-7

1. Auflage

Herstellung: Fischbach Druck, 7410 Reutlingen
Printed in Germany

Inhaltsverzeichnis

Vorwort

»Vier Wochen Vorbereitung auf vierzehn Tage Wanderschaft ist nicht zu viel, und man wird mehr und besseres heimbringen, als wenn man sich nur ein paar Tage oder gar nicht vorbereitet hätte und monatelang gereist wäre.« Diesen Rat hat vor gut hundert Jahren der Volkskundler W. H. Riehl gegeben, als er die »Handwerksgeheimnisse des Volksstudiums« schilderte, das er zu Fuß, als Wanderer, betrieben hatte. Wer sich auf den in diesem Führer geschilderten Weg von Freiburg nach Radolfzell macht, der sollte diesen Rat beherzigen. Dieser Weg vom Breisgau zum Bodensee führt durch viele Kapitel der Erdgeschichte, aus geologischer Frühzeit bis fast in die Gegenwart. Er führt an Resten und Zeugnissen der Menschengeschichte, der Stammes-, der Staaten- und Stadtgeschichte von zwei Jahrtausenden vorbei. »Wer sich auf dem Wege den Stoff sucht und hinterdrein daheim die Gedanken dazu, der ist nicht auf der rechten Fährte«, sagte unser wandernder Professor Riehl.
Von Freiburg zum Bodensee führt der kürzeste Weg durch das Höllental über Donaueschingen und dann durch den Hegau. Er ist seit Jahrzehnten lückenlos vom Schwarzwaldverein markiert, und er wird jedes Jahr von vielen, von immer mehr Wanderern begangen. Doch die kürzesten Wege sind nicht immer die schönsten. Der traditionelle Querweg Schwarzwald-Bodensee folgt der alten Route über den Schwarzwald, die eine Verkehrsverbindung war, auf der man möglichst rasch und möglichst gefahrlos vom oberrheinischen Kultur- und Wirtschaftszentrum Freiburg zum Kultur- und Wirtschaftsraum Bodensee kommen wollte. Wer heute zu Fuß geht, will nicht möglichst schnell von einem Ort zum anderen gelangen, sondern er will möglichst viel von der Landschaft, von ihren Menschen und ihrer Kultur sehen und erfahren.
So führt unsere »neue« Route fast kreuz und quer durch den südlichen Schwarzwald; sie macht für zwei Tage einen Abstecher in die Schweiz, um dann in Radolfzell zu enden. Die Länge des Weges und die Etappen sind so ausgewählt, daß man sie in einer guten Woche – wenn man den davorliegenden Samstag und Sonntag dazurechnet – also in neun Tagen bewältigen kann. Die Beschreibung der Tageswanderungen macht die Forderungen von Riehl nach einer gründlichen Vorbereitung verständlich.

Über Sulzburg zum Beispiel, über den Belchen oder über die Wutachschlucht, über Schaffhausen oder Stein am Rhein wäre soviel mehr zu schreiben, als es in den knappen Angaben dieses Führers geschieht. Es kann auf diesen wenigen Seiten nicht mehr versucht werden, als zur Wanderung anzureizen und dann den Weg finden zu lassen; nicht mehr als Stichworte zu geben, was man alles erfahren und wissen könnte.

Etappen-Einteilung

Unser Vorschlag, diese Wanderung in neun Etappen zu gehen, legt die folgende Einteilung nahe:

Tag	Ziel	km	Std.
1	Sulzburg	18	5
2	Belchen	17	$6\frac{1}{2}$
3	Todtmoos	20	$6\frac{1}{2}$
4	Blasiwald / Seebrugg	24	$7\frac{1}{2}$
5	Bonndorf / Schattenmühle	25	$6\frac{1}{2}$
6	Stühlingen	31	$8\frac{1}{2}$
7	Schaffhausen	19	$5\frac{1}{2}$
8	Stein am Rhein	20	$5\frac{1}{2}$
9	Radolfzell	22	6

Das sind zusammen 192 Kilometer; also ein Tagesdurchschnitt von rund 21 Kilometern. Für einen geübten Wanderer ist das bestimmt nicht zu viel. Auf den ersten Blick mag die unterschiedliche Länge der Etappen erstaunen. Sie ist jedoch einmal die Folge der Geographie, dann aber auch die Erfordernis der Übernachtungsmöglichkeiten. Es wurde ferner versucht, nach Möglichkeit Zeit für Besichtigungen auf Kosten der Wanderzeit herauszuholen, so zum Beispiel für Schaffhausen und Stein am Rhein, aber auch am dritten Tag für Schönau und Todtmoos, oder am zweiten Tag für Sulzburg und für den Belchengipfel. Der Weg von Freiburg nach Sulzburg ist in einem halben Tag zu schaffen; man könnte zum Beispiel am Freitagabend nach Freiburg anreisen, am Samstagvormittag etwas von der Stadt sehen und sich dann auf den Weg machen; oder aber am Samstag in der Frühe erst nach Freiburg anreisen. Nach einem halben

Wandertag von Stein am Rhein aus kann man am Sonntagmittag auch von Radolfzell aus immer noch eine Bahnverbindung zum Beispiel nach Offenburg erreichen, um dort Zugang zum Intercity-Netz zu finden. Die tabellarische Aufgliederung der Wanderroute am Ende des Führers erlaubt individuelle Varianten der Planung einfach und übersichtlich. Anhand des Streckenprofils kann jeder Wanderer sich auch vorstellen, wieviel Zeit er für eine Tagesetappe braucht. Die bei den einzelnen Tagesbeschreibungen angegebenen Gehzeiten erlauben ein gemächliches Wandern, das genug Zeit läßt, sich Pflanzen, Steine und Tiere auch einmal genauer anzusehen. Oder immer wieder stehen zu bleiben, um bloß einen Blick in sich aufzunehmen. Die genannten Gehzeiten sind Erfahrungswerte. Die verschiedenen »Durchschnittsgeschwindigkeiten« ergeben sich daraus, daß man in eher »langweiligen« Strecken Tempo machen kann, das heißt unter Umständen 5 bis 6 Kilometer in der Stunde; auf einer eher »interessanten« Strecke bummelt man dagegen mit einem Durchschnitt von 3 Kilometern dahin.

Grenzübertritt

Bitte beachten Sie unbedingt, daß Sie für den zweimaligen Grenzübertritt in die Schweiz (bei Stühlingen) und in die Bundesrepublik (bei Stein am Rhein) einen gültigen Reisepaß oder eine Kennkarte bei sich haben.

Unterkünfte

Dieser Wanderführer soll nicht nur zur Wanderung anregen, sondern er soll dem Wanderer auch ein Instrument für seine Planung sein. Kernstück einer solchen Planung ist die schon erwähnte Übersicht. Hier sind die wichtigen Orte und Punkte angegeben, die wir auf der Wanderung berühren. Die Angaben über die Höhe und auch über die Entfernung zum jeweils nächstliegenden Punkt wie auch zum Ausgangsort Freiburg ermöglichen eine gute Vorstellung vom Wegverlauf. Hier kann jeder selbst abschätzen, ob für ihn die vorgeschlagenen Etappen

richtig sind. Die Hinweise über Einkehr- und Übernachtungsmöglichkeiten erleichtern die eigene Planung. Angaben über Hotels und Gasthöfe sind im großen Ganzen jedoch nur für die vorgesehenen Etappenziele aufgenommen. Diese Quartierlisten sind nicht vollständig; sie bringen nur eine Auswahl aus den offiziellen Unterkunftsnachweisen der örtlichen Stellen. Der Ordnung halber sei festgehalten, daß die Angaben den Stand von 1981 wiedergeben. Sie sind gewissenhaft erstellt worden; eine Gewähr ist dennoch verständlicherweise ausgeschlossen. Es ändern sich im Laufe der Jahre Telefonnummern und Besitzer, ja sogar Ortsnamen. Aber wir haben immer wieder festgestellt, daß eine veraltete Adresse besser ist als gar keine. Die Anschriften der Hotels und Gasthöfe sind ohne Wissen der Betroffenen in diesen Führer aufgenommen worden. Sie sind nicht auf Qualität und Preis überprüft worden. Die Angaben an den einzelnen Orten werden alphabetisch aufgeführt; sie bedeuten keine Rangliste.
Breisgau, Schwarzwald und Bodensee sind vom Fremdenverkehr erschlossen. Unser Weg führt immer wieder durch beliebte und belebte Ferienorte. Es ist deshalb nützlich, die Übernachtung vorschauend zu planen. Wer in der Hochsaison wandert, der darf nicht erwarten, in jedem Gasthof noch freie Betten zu finden. Im Südschwarzwald gehört der Herbst insbesondere für den Wanderer auch zur Saison. Wer sich ein festes Tagesziel vorgenommen hat, der tut deshalb gut daran, vorzusorgen und zumindest am Vormittag für den Abend Quartier zu machen. Man sollte sich auch nicht unbedingt immer darauf verlassen, daß es an einem Ort nach Auskunft der Kurverwaltung vielleicht 150 Betten gibt. Wie leicht passsiert es, daß in der Nebensaison ein Gastwirt in Ferien gefahren ist und der andere gerade umbaut. Dann braucht nur noch die Bäckerinnung aus XY einen Ausflug dahin zu machen und die restlichen Betten belegt zu haben: der Wanderer steht vor der Tür und er braucht List und Tücke und Erfahrung, um dann noch sein Bett zu finden. Das klingt alles etwas dramatisch. Die Schilderung wird jedoch verständlich, wenn man sich an solche Situationen erinnert; man ist müde und halb verzweifelt, wenn man vielleicht zum dritten Mal zu hören bekommt: »Wir sind leider besetzt«. Im Breisgau und im Südschwarzwald ist man jedoch nicht aus der Welt. Öffentliche Verkehrsmittel sind fast immer in der Nähe; zumindest aber gibt es Telefonzellen als »Draht zur Zivilisation«.

Wegemarkierungen

Wenn dieser Weg auch kreuz und quer durch den Südschwarzwald führt, so ist es dennoch kein Weg quer durch die Wildnis, sondern er ist in der Regel gut markiert. Diese Feststellung erstaunt nur jemanden, der die Infrastruktur der Wanderwege in Deutschland nicht kennt. Gewissermaßen unterhalb des Autostraßennetzes liegt ein Wanderwegnetz, das kaum weniger dicht ist und das genauso seine »Autobahnen«, »Bundesstraßen« und »Ortsstraßen« kennt. Zu den Hauptwanderwegen führen allerorts Zugangswege; fast jeder Ort ist mit der Nachbargemeinde auch mit einem gekennzeichneten Fußweg verbunden. Im Schwarzwald regiert der Schwarzwaldverein, einer der größten und wichtigsten Gebirgs- und Wandervereine. Jede größere Gemeinde hat eine Ortsgruppe des Schwarzwaldvereins, zu deren Aufgaben es unter anderem zählt, die Wegmarkierungen und die Wanderwege selbst instand zu halten. Die ehrenamtlichen Wegewarte sind wie die alten Streckenwärter der Eisenbahn tätig. Mit Hämmerchen und Schildern, oder mit Farbtopf und Pinsel, so ziehen sie immer wieder auf ihre Wanderrouten und sehen nach dem Rechten, nicht zuletzt nach der rechten Markierung.

Wanderkarten

Wer im Schwarzwald nur seinen Wanderweg finden will, der braucht nicht unbedingt eine Wanderkarte. Es genügt, wenn er weiß, wohin er will und welche Markierung zu diesem Ziel führt. Doch wer ohne Karte wandert, der geht gewissermaßen nur auf seinem Weg, aber nicht in seiner Landschaft. Erst auf einer Karte sehen wir, wo wir sind und wo wir hingehen. Auf der Karte lesen wir, welchen Bach wir überqueren, welchen Ort wir vor uns sehen, hinter welchem Berg die Sonne untergeht. Schließlich ist bei aller Sorgfalt keine Markierung perfekt. Da kann der Baum an der Weggabelung mit dem Wegzeichen gefällt worden sein; da kam ein Souvenirjäger vorbei; da drehte ein Scherzbold den Wegweiser in die falsche Richtung um. Oder man war am Nachmittag schon etwas müde und hatte die Markierung übersehen. Wer in solchen Situationen keine Karte bei sich hat, der tut sich dann schwer.

Empfohlenes Kartenmaterial

Die für unsere Tour vorhandenen Karten sind vorzüglich. Da sind einmal die topographischen Karten im Maßstab 1 : 50000 mit eingetragenen Wanderwegen des Landesvermessungsamtes Baden-Württemberg (Kartenverkaufsstelle, Büchsenstraße 54, D-7000 Stuttgart 1)
L 8112 Freiburg im Breisgau-Süd
L 8312 Schopfheim
L 8314 Waldshut-Tiengen
L 8114 Titisee-Neustadt
L 8116 Donaueschingen
L 8316 Stühlingen
L 8318 Singen (Hohentwiel)
Ebenfalls im Maßstab 1 : 50000 hat der Schwarzwaldverein (Eisenbahnstraße 33, D-7800 Freiburg) seine Wanderkarten herausgebracht. Sie enthalten mehr touristische Informationen, auch für den Winter, was sie jedoch etwas unübersichtlich macht:
Blatt 16 Freiburg – Feldberg
Sonderblatt Belchen-Hochkopf
Blatt 11 Neustadt-Wutachschlucht
RV 5014 St. Blasien – Waldshut
Die deutschen topographischen Karten reichen auch für die zwei Tagesetappen in der Schweiz von Stühlingen über Schaffhausen nach Stein am Rhein. Empfehlenswert wäre hier vielleicht noch die »Wanderkarte Schaffhausen« 1 : 25000, vom Verlag Peter Meili, CH-8200 Schaffhausen.

Literatur

Wer sich auf einzelne Abschnitte der Wanderung noch genauer vorbereiten will, der sei auf folgende weiterführende Literatur hingewiesen:

»Wanderführer durch das Markgräflerland« von Fritz Schülin, Band 6 der Wanderbücher des SWV, Verlag Rombach, Freiburg, DM 14,–
»Der hohe Schwarzwald« von Ekkehard Liehl, Band 4 der Wanderbücher des SWV, Verlag Rombach, Freiburg, DM 19,–
»Der Hotzenwald« von Karl-Heinz Pohle, Band 2 der Wanderbücher des SWV, Verlag Rombach, Freiburg, DM 14,–
»Wanderführer durch die Wutach- und Gauchachschlucht« von Fritz Hockenjos, Band 1 der Wanderbücher des SWV, Verlag Rombach, Freiburg, DM 10,–
»Die Wutachschlucht« von Dieter Kohlhepp, Verlag Rombach, Freiburg, DM 39,80
»Zwischen Schwarzwald und Bodensee« von Helmut Bechtel, Kosmos-Verlag, Stuttgart, DM 16,80
»Der Hegau, Landschaft zwischen Rhein, Donau und Bodensee« von Theopont Diez, Band 3 der Wanderbücher des SWV, Verlag Rombach, Freiburg, DM 14,–

Gepäcktransport

Wer auf Nebenwegen – wie auf unserer Tour – wandert, der muß auf die Annehmlichkeit verzichten, daß ihm sein Gepäck von Quartier zu Quartier transportiert wird. Diese Art des Wanderns ist in den letzten Jahren sehr beliebt geworden. Man mag dazu stehen wie man will: anfängliche Bequemlichkeit, nämlich ohne Rucksack zu wandern, hat viele Menschen erst einmal auf den Weg gebracht. Man sollte jedoch vor einer Woche, in der man nur aus dem Rucksack lebt, keine Angst haben. In anderen Worten: Was man in dieser Woche braucht, kann man (fast) bequem im Rucksack mittragen. Wir bewegen uns auf dieser Schwarzwaldtour immer in einer zivilisierten Gegend. Man kann sich jeden Tag unterwegs mit Proviant versorgen. Die Gastwirte in dieser Gegend sind an Wanderer gewöhnt; sie werden auch in einem guten Hotel in ihrer Wanderkleidung aufgenommen. Da es in fast jeder Unterkunft warmes Wasser gibt, kann man Hemd und Unterwäsche durchwaschen. Eine Garnitur zum Wechseln mag deshalb genügen. Der Schwarzwald ist auch nur ein Mittelgebirge; wir brauchen also weder Biwaksack, noch Steigeisen oder Seil, wie es bei einer Wanderung im Hochgebirge notwendig wäre. Wer am ersten Tag über einen vielleicht 15 bis 20 Pfund schweren Rucksack stöhnt, der wird am zweiten nur noch die Erleichterung vermerken, wenn er den Rucksack absetzt. Und dann am dritten Tag dieses Gepäck wie einen Teil des Körpers empfinden, der nicht mehr stört, aber unseren Schritt etwas erdenschwer macht. Und das ist für viele Wanderer ein ganz besonderer Reiz. Wenn man sich dann noch überlegt, daß man alles mit sich trägt, was man in einer Woche braucht, daß man also in einem besonderen Sinn »frei« ist, so verliert der Rucksack nicht nur an Schrecken, sondern gewinnt geradezu an Faszination.

Geschichte und Kultur

Der Weg führt von Freiburg, vom Breisgau, nach Radolfzell, zum Bodensee. Wir bleiben zuerst in der Ebene des Breisgaues, gehen noch am Rande des dunkel aufragenden Schwarzwaldes entlang; durch Weinberge, über Staufen, wo weiland Dr. Faustus sich in die Luft gesprengt hat. Man vermag es kaum zu glauben; aber das höllische Drama scheint sich hier wirklich abgespielt zu haben: nicht so ganz höllisch, sondern alchimistisch-naturwissenschaftlich, aber auch materialistisch zu erklären.
Dann kommt Sulzburg, mit seiner Basilika und seinen Spuren aus dem ersten Jahrtausend, mit seinen Bergwerken früher Zeit, in denen Silber und Antimon gewonnen worden ist. Wir steigen jäh auf den Belchen, diesen uralten Berg. Wir queren die tief eingeschnittenen Täler von Wiese, Werra und Alb. Im Talgrund sehen wir die Zeugnisse früher Besiedlung, die sich von den Tälern in den schwarzen Wald vorgearbeitet hat. »Vorarbeiter« waren immer die frommen Mönche gewesen. Erschließungsgeschichte ist in den unwirtlichen Gegenden Europas immer auch Missionierungsgeschichte. St. Blasien, das ist in diesem Zusammenhang schon fast große Reichsgeschichte. Ganz profan liegt der Schluchsee – als ein Kapitel Technikgeschichte – am Weg. Dann steigen wir in die Wutachschlucht ab. Nach dem Gang über das alt-uralte Schwarzwaldgebirge – wir sind vom Breisgau aus dem Grabenbruch des Variskischen Gebirges, das den Rheingraben hinterlassen hat, auf den Belchen, auf die Säulen dieses

Gebirges gestiegen; Erdgeschichte vor 70 Millionen Jahren. Und jetzt im Wutachgraben springen wir aus der Vergangenheit in die »Gegenwart«, nämlich von 70 000 000 auf 70 000 Jahre. So große Zahlen können wir uns kaum noch vorstellen. Doch in der Wutachschlucht sind wir nicht der Frühzeit, sondern dem Vorgestern auf der Spur. Diese erdgeschichtliche Gegenwart ist keine Phantasievorstellung. Wir sehen über uns, wie die Steine noch in Bewegung sind. Und sie sind es tatsächlich. 1981 ist das Unglück des Mädchens durch die Presse gegangen, das von einem herabfallenden Felsbrocken getroffen worden ist.
Unser Weg führt von der Wutachschlucht über die Wutachflühen entlang der jüngsten faßbaren erdgeschichtlichen »Katastrophe«: eine Wasserscheide brach. Die Wutach fließt seither nicht nach Osten in die Donau, sondern nach Süden zum späteren Rhein. Wir überqueren den Randen, einen Teil des Jura, der viel früher aus dem Kreidemeer aufgetaucht ist, und kommen wieder zum Rhein hinunter, zuerst bei Schaffhausen mit seinem Rheinfall, aber vornehmlich auch mit seiner Kulturgeschichte. Wir bleiben am Rhein, auf einem der schönsten Uferwege, die sich ein Wanderer wünschen kann, kommen an Klöstern vorbei, die im Mittelalter »Meinungsführer« gewesen sind, und dann eben nach Stein am Rhein.
Diese Wanderung vom Breisgau zum Bodensee ist ein Gang durch die Erdgeschichte. Es ist ein Gang durch die Geschichte der Menschen. Für beides müßte viel gesagt werden, was den Rahmen dieses Wanderführers sprengen würde. Eine Bemerkung sei nur noch erlaubt: Es ist auch eine Wanderung durch alemannisches Stammland. Diese Alemannen sind in der Völkerwanderung im 5. Jahrhundert aus dem böhmischen und nordeuropäischen Raum über den Limes, die Grenzbefestigung der Römer, nach Süddeutschland eingedrungen. Sie haben dabei die Oberrheinische Tiefebene nach Westen bis zum Vogesenkamm hin, nach Süden bis zum Jura und dann hinter dem Jurakamm die heutige deutschsprachige Schweiz zum großen Teil erobert. Ihre Herrschaft hat nicht lange gedauert. Schon 496 besiegten die Franken unter König Chlodwig die Alemannen. Alemannien wurde ein Teil des Frankenreiches. Doch unter fremder Oberherrschaft erhielten sich diese Alemannen schon damals nicht nur ihre Sprache und ihre Sitten. Sie blieben für andere Völker die eigentlichen »Deutschen«, nämlich »les Allemands«, wie heute noch die Franzosen sagen.

Diese Alemannen sind die Bewohner auf der ganzen Strecke unserer Wanderung, ganz gewiß auch in den beiden schweizerischen Kantonen Schaffhausen und Thurgau, die wir passieren. Eine Sache muß deshalb noch einmal in aller Deutlichkeit klargestellt werden: diese Wanderung läuft nicht irgendwo durch das »Schwäbische«, wie viele unserer Landsleute sagen mögen. Der Weg liegt zwar im Süden des Bundeslandes Baden-Württemberg mit der Hauptstadt Stuttgart. Aber vom Breisgau zum Bodensee wandert man durch alemannisches Gebiet, ja durch alemannisches Kernland. Und das hat nichts mit Schwaben zu tun. Man hüte sich, einen echten Alemannen als Schwaben zu titulieren, eine badische mit einer schwäbischen Köchin gleichzusetzen. Als »Ausländer« vermeidet man auf dieser Wanderung am besten, die Sprache auf Alemannen und auf Schwaben zu bringen. Wie groß das Selbstbewußtsein dieser Alemannen ist, merkt man spätestens an den Preisen, die sie für ihr Essen, für ihren Wein, für ihre Betten und für ihre Landschaft verlangen. In der Regel bekommt man jedoch einen guten Gegenwert für sein Geld. Es lohnt sich für den Wanderer, den Preis zu zahlen.

1. Tag

Freiburg – Sulzburg

Weglänge: 18 km
Gehzeit: 5 Stunden
Wanderkarte: L 8112 – Freiburg im Breisgau-Süd

Nach Freiburg sollte man eigentlich nie kommen und von dort nicht weggehen, ohne die paar Schritte zum Schloßberg hinaufgegangen zu sein, über die Straßenbrücke am Schwabentor hinauf, am Greiffenegschlößle vorbei zum Kanonenplatz. Das ist der schönste Aussichtspunkt über Freiburg (sofern er nicht immer mehr zuwächst!). Sein Name verweist auf eine kriegerische Vergangenheit: er ist (von dem berühmten Festungsbaumeister Vauban) während der französischen Besetzung der Stadt von 1677 bis 1697 angelegt worden. Dieser Schloßberg, nach dem Münster das zweite Wahrzeichen Freiburgs, war damals zum Festungsberg umfunktioniert. Doch nach den Franzosen kamen wieder die Habsburger, machten den Breisgau vorderösterreichisch und schleiften 1745 die Festung Schloßberg.
Vom Schloßberg schauen wir heute auf Freiburg hinab, als ob es noch das alte Freiburg wäre. Nach einem fürchterlichen Bombenangriff 1944, als die Stadt in einer Stunde ins Mark getroffen worden war, wurde hier zwar nicht im alten Stil, aber doch im alten Geist wieder aufgebaut. Zum wichtigen Teil erhalten geblieben und dann gut renoviert worden ist das Münster, das vom Schloßberg aus als Mittelpunkt der alten Stadt am schönsten gesehen und begriffen werden kann. Es ist im 12. Jahrhundert im romanischen Stil begonnen worden und wurde bis ins 16. Jahrhundert hinein, vornehmlich im gotischen Stil, weitergebaut. Der durchbrochene Turm aus rotem Sandstein wird als »schönster Turm der Christenheit« beschrieben. Allein schon die Tatsache, daß in Freiburg der Turm im Mittelalter fertiggebaut worden ist, hebt Freiburg und seine Bürger aus der Reihe der anderen großen Städte des Mittelalters mit ihren Domen heraus. Erinnern wir uns nur an Köln, an Ulm, an Konstanz; ihre Kraft hatte nicht ausgereicht, nach den mächtigen Kirchenschiffen das Ge-

nerationenwerk mit dem krönenden Turm zu vollenden. »Schönster Turm der Christenheit« – wer ihn einmal vom Schloßberg aus vor der untergehenden Sonne zur roten Fackel werden sah, der wird dem Urteil zustimmen.
Auf dem Schloßberg hat Berthold II., Herzog von Zähringen, 1091 ein Schloß bauen lassen. Im offiziellen Freiburg-Führer, wird von einem »prunkvollen Schloß« geschrieben. Am Fuß des Schlosses gründeten seine Söhne 1120 Freiburg als Markt- und Handelsplatz. Die Stadt entwickelte sich rasch zu einem wichtigen Marktplatz; Kaufleute waren hier freie Bürger. Schon 1368 kommt Freiburg an die Habsburger; damit war die Kontinuität der Entwicklung möglich. Denn bis 1803 gehörte Freiburg und der umliegende Breisgau (uneingedenk der französischen Besetzung) zu Vorderösterreich. 1806 wurde die Stadt großherzoglich-badisch. Badisch blieb es bis 1945; wurde dann südbadisch und ist heute Sitz eines Regierungspräsidiums im Land Baden-Württemberg.
Unter den Habsburgern, also in mehr als 400 Jahren, entwickelte sich Freiburg zum Mittelpunkt zwischen Bodensee und Oberrhein. Bereits 1457 wurde die Universität gestiftet. Wenn wir vom Schloßberg in die Altstadt heruntersteigen, kommen wir am schon genannten Schwabentor aus dem 13. Jahrhundert vorbei, das glücklicherweise im Bombenhagel stehen geblieben ist, ebenso wie der »Bären« nahebei, das älteste Gasthaus Deutschlands. Neben dem Münster hat auch das üppig-rote Kaufhaus überstanden, wie ein paar hundert Meter entfernt das Martinstor, dessen Baubeginn 1230 zugeschrieben wird. Stehengeblieben – und zwar nur um Haaresbreite – ist auch das ehemalige Augustinerkloster, heute das Augustinermuseum, ein Zentrum oberrheinischer Kunst. Die Altstadt von Freiburg ist großenteils Fußgängerzone, eine der schönsten und lohnendsten in Deutschland. Der Wanderer hat hier nicht das Gefühl, keine Luft zu bekommen oder überflüssig zu sein.
Unsere Wanderung beginnt am Bertholdsbrunnen, dem nach dem Bombenhagel von 1944 neu erstandenen Denkmal für den Gründer der Stadt aus dem Geschlecht der Zähringer. Dieser Berthold steht an einer Stelle, die der Wanderer im Wald als eine Wegspinne bezeichnen würde: ein Punkt, an dem sich die wichtigen Wege treffen. Wegspinnen in einer Großstadt sind Straßenkreuzungen, sind Haltestellen; wir steigen hier in den Bus der Linie A, der durch das gotische Martinstor in Richtung Süden

1. Tag: Freiburg-Merzhausen (1) – Wittnau (3) – Staufen (6) – Sulzburg (9)

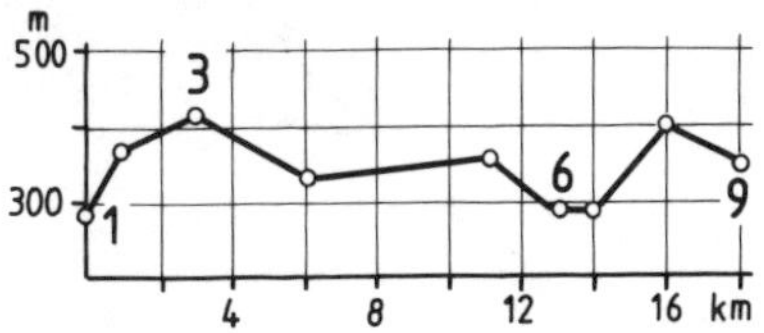

fährt. Wir steigen an der Endstation Merzhausen (1) aus und finden gleich hier eine Wandermarkierung. Sie zeigt uns den »Bettlerpfad«, markiert mit einem gelben Punkt, dem wir bis Sulzburg folgen wollen. Zuerst gehen wir ein paar hundert Meter durch die Weberstraße. Bald steigt die Straße und wird zum Fahrweg. 5 Minuten nach der Bushaltestelle sind wir bereits aus der Stadt hinaus, und die Wanderung kann beginnen. Der Asphalt endet nach einem kurzen Anstieg auf der Höhe an den letzten Häusern. Wir halten uns links auf dem Weg, der über freies Feld und zwischen Obstbäumen fast eben einen Kilometer bis zum Weiler Burghöfe (2) führt. Hier stoßen wir auf die Autostraße, die von Au her hochkommt. Wir bleiben eine kurze Weile auf dieser Straße. Drehen wir uns noch einmal um und blicken auf Freiburg: Es ist ein Blick zurück auf einen dunstigen Talkessel mit einer Großstadt. Wenn wir an einem Vormittag hier herauskommen, werden wir selten mehr als diesen verschwommenen Eindruck haben.

Der Waldrücken rechts unseres Weges ist der Schönberg, eine für Geologen und Biologen interessante Formation. In seiner Kalkflora gedeihen viele seltene Arten. Beim Gasthof Adlerburg, an dem wir vorbeikommen, weist eine Tafel auf 42 verschiedene Baumarten hin, darunter viele markante Einzelbäume, die auf dem Schönberg wachsen. Nach dem Gasthof »spazieren« wir auf einem gepflegten, aber nicht geteerten Sträßchen fast eben nach Westen. Wir sind im Breisgau. Dieser Name stammt wahrscheinlich von »Breisach-Gau«. Vielleicht könnte man sich vorstellen, es handelte sich um eine Gegend, um einen »Gau«, der zu preisen wäre. Es ist eine Landschaft, die zu be-

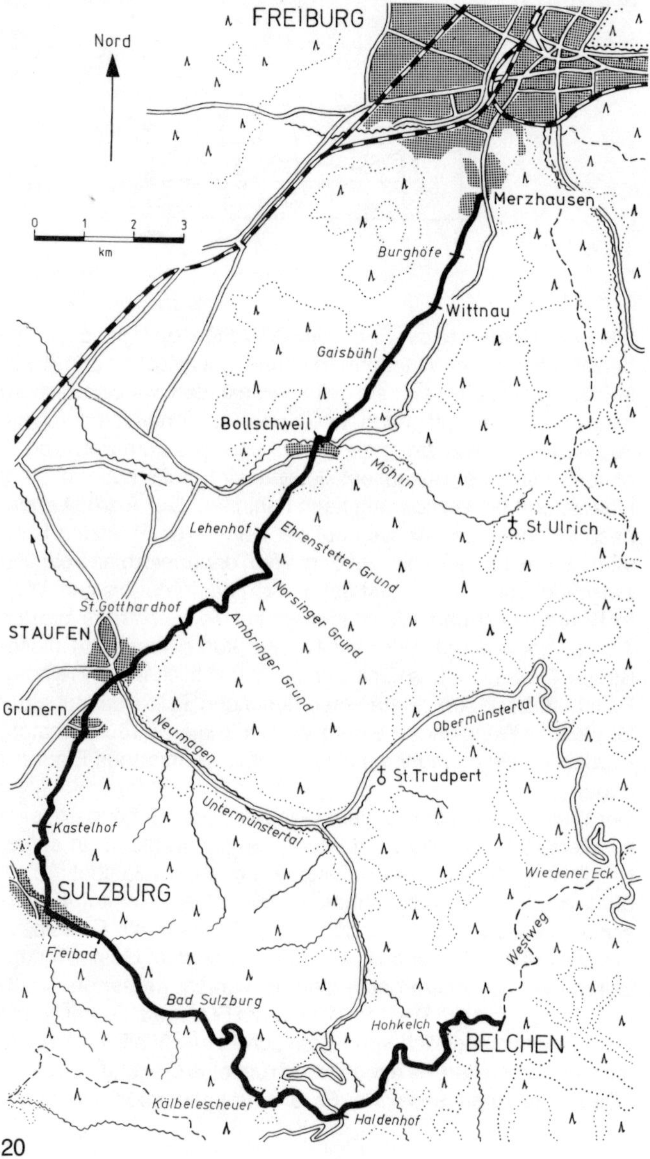
FREIBURG
Nord
0
1
2
3
km
Merzhausen
Burghöfe
Wittnau
Gaisbühl
Bollschweil
Möhlin
St. Ulrich
Lehenhof
Ehrenstetter Grund
Norsinger Grund
Ambringer Grund
St. Gotthardhof
STAUFEN
Grunern
Neumagen
Obermünstertal
St. Trudpert
Untermünstertal
Kastelhof
SULZBURG
Wiedener Eck
Westweg
Freibad
Bad Sulzburg
Hohkelch
BELCHEN
Kälbelescheuer
Haldenhof

schreiben sich lohnte. Sie schwingt sich aus der Flußebene jäh auf die Gipfel jenseits der Waldgrenze. Lichte Weinberge enden an »schwarzen« Wäldern. In den Ortschaften erzählen uns viele Häuser und Kirchen mit ihren Giebeln und Türmen so manche Geschichte aus alter Zeit, die noch nicht vergangen zu sein scheint.
Die ersten Weinberge tauchen an unserem Weg auf. Nach links haben wir einen schönen Blick zum Schauinsland und voraus auf Wittnau (3). Wem hier das Wort »beschaulich« einfällt, der versteht, was es bedeutet: es gibt etwas zu schauen.
An der Wegkreuzung in der Ortsmitte von Wittnau – wir halten uns hier nach rechts – lesen wir die Inschrift auf einem Kruzifix: »Oh Mensch stehe still, gehe nicht vorbei, betrachte zuvor, wer Jesus sei«. Es lohnt sich, gleich rechts einen Blick in die Kirche zu werfen. Sie ist ein Bauwerk gerade noch aus dem 18. Jahrhundert, die letzte Barockkirche, die im Breisgau entstanden ist. Diese Maria-Himmelfahrtskirche ist als Nachfolgerin der alten Pfarrkirche schon im 9. Jahrhundert erwähnt worden, und zwar als Inhaberin von Reliquien des Heiligen Gallus, jenes irischen Mönches, der im süddeutschen Raum missioniert hat. An seine Spuren erinnern nicht nur St. Gallen in der Schweiz, sondern auch viele andere ihm geweihte Kirchen. Die neue Kirche von Wittnau ist in der Zeit der Kriege der französischen Revolution unter großen Opfern gebaut worden. An der Sakristei sehen wir den Gedenkstein aus dem Jahre 1795 für den Erbauer, Pfarrer Koch. Die Kirche beherrscht mit ihrem hübschen Zwiebeltürmchen und dem hohen Dach das Ortsbild von Wittnau. Die ursprüngliche Inneneinrichtung ist nicht mehr erhalten; sie wurde aus Beständen der Freiburger Diözese ergänzt. Erwähnenswert darunter ist insbesondere die Orgel aus dem Jahre 1856.
Am Rathaus vorbei geht unser Weg durch den hübschen Ort wieder nach Westen hinaus. Wir folgen ein paar hundert Meter der Fahrstraße, überqueren dann die Straße, die zur Berghauser Kapelle den Berg hinaufführt, und bleiben auf dem Feldweg mit seinem gelb-weißen Kalkbelag. Bei klarem Wetter sehen wir voraus den Vulkankegel mit den Resten der Burg Staufen. Nach einem Kilometer erreichen wir Sölden. Wir gehen am Westrand dieses kleinen, sauberen Ortes vorbei. Wie sich dieser Ort in die Falten der lieblichen Breisgau-Landschaft schmiegt. Was könnten unsere heutigen Städtebauer und Landschaftsarchitekten von dem ursprünglichen Raum- oder Landschaftsgefühl

ihrer Vorgänger lernen! An einem Haus lesen wir den Sinnspruch: »Ein jeder baut nach seinem Sinn, weil keiner kommt und zahlt's für ihn.«
Unser Weg schlängelt sich am Eckbach entlang nach Bollschweil, dessen Kirchturm vor uns auftaucht. Wer an einem sonnigen Frühjahrsvormittag hier hinauswandert, der kann nur schwer verstehen, daß dieses Tal »Hexental« heißt. Kurz vor Bollschweil (4) gehen wir von dem Fahrsträßchen auf einem schmalen Weg den Hang hinauf. Wir gelangen nach dem Friedhof bald auf die Autostraße, der wir ein Stück weiter nach rechts folgen. Der gelbe Punkt des Bettlerpfades führt uns sicher durch eine Gärtnerei und um das Schloß Bollschweil herum.
In diesem Schloß ist übrigens die Dichterin Marie-Luise von Kaschnitz aufgewachsen und auch begraben. Sie stammt aus der Familie von Holzing-Berstedt, den heutigen Schloßherren. Im Garten des Rathauses steht ein Gedenkstein mit einem Sinnspruch der Kaschnitz: »Wohl denen, die gelebt, ehe sie starben.« – Wohl denen, die gewandert, ehe sie starben, möchten wir ergänzen. Kann man intensiver leben als beim Wandern. »Mit Herz und Sinn die Schöpfung erfahren«, wie es auf einem Stein im Nordschwarzwald steht? Die Erde mit den Füßen zurückerobern!
Der Wanderweg führt nicht durch den Ort, sondern gleich nach der Schloßmauer über die Autostraße und dann neben ihr rechts ein Stück hinunter bis zu dem Haus voraus, an dem wir unsere Markierung finden. Wir biegen hier nach links auf den geteerten Feldweg ab, von dem wir dann auf dem halben Weg zum Wald nach rechts einen Wiesenweg sehen.
Von hier gehen wir jetzt bis Staufen ganz nahe an den Ausläufern des Höhenrückens entlang, der sich zwischen dem Münstertal und dem Hexental erhebt und immer wieder quer von scharf eingeschnittenen Tälern unterbrochen ist, die hier »Grund« genannt werden. So queren wir zuerst die Einmündung des Ehrenstettergrundes, des Norsingergrundes und dann des Ambringergrundes, jeder mit Bach und Forststraße sich lang und langsam steigend hinziehend. Die nächsten Kilometer haben wir einen prachtvollen Sommerweg vor uns durch Wiesen und Waldstücke. Zur rechten Hand liegt der Ölberg mit seiner Kapelle, hinter der der Ort Ehrenkirchen liegt. Bei klarer Sicht tauchen am Horizont über der Rheinebene die Südvogesen auf. Die Abwechslung zwischen kurzen Passagen im Wald – mit zum

Teil prächtigen Exemplaren von Traubeneichen, Weißtannen und Föhren – und den sich öffnenden Blicken in die enger werdenden Täler zur linken Hand und in die weite Ebene zur rechten, in der die Kirchtürme wie Bäume auftauchen, muß jeden faszinieren, der nicht nur mit kräftigen Beinen, sondern auch mit offenen Augen wandert. Es fällt an dieser Stelle schwer, sich auf unserem Bettlerpfad wie ein Bettler zu fühlen; an dem landschaftlichen Reiz gemessen ist das heute ein Weg für Könige, nicht für Könige der Landstraße, jedoch für Könige der Wanderwege.

Gut markiert führt uns der Pfad jetzt kreuz und quer durch die Wiesen am Lehenhof vorbei. Die Markierung ist stets eindeutig. Man kann ihr beruhigt folgen, auch wenn sie von dem auf der topographischen Karte eingezeichneten Weg abweicht. Wir passieren eine kleine Mariengrotte an einem Bach, ein beschaulicher, bescheidener Wallfahrtsplatz, mit Jahresmarkierungen, die bis 1858 zurückreichen. Dann kommen wir an den Alemannengräbern vorbei. Eine aufgerichtete Steinplatte war die Decke eines Grabes »des hier befindlichen alemannischen Friedhofes aus dem 6. bis 8. Jahrhundert«. Diese Alemannen waren in der Völkerwanderung über den Limes, die Grenzbefestigung der Römer, vorgestoßen; sie vertrieben die Römer, wurden jedoch bald darauf wiederum von den Franken unterworfen, ihr Gebiet besetzt. Sie wurden von den Franken nicht ausgerottet oder umgesiedelt – was in den damaligen Zeiten zum politischen Alltag gehörte –, sondern sie lebten hier unter der neuen Oberhoheit weiter. Ihre Spuren sind nicht nur auf diesen Friedhöfen zu finden, sondern auch überall in der Tradition dieses Siedlungsraumes. Die heutigen Einwohner bezeichnen sich am ehesten noch als Alemannen.

Einen Kilometer nach den Alemannengräbern kommen wir auf eine geteerte Waldstraße und sehen dann rechts durch die Bäume bereits die Staufenburg ganz nahe vor uns liegen. Wir gehen am Rothof und am St. Gotthardhof (5) vorbei. Zu diesem Hof gehört die St. Gotthardskapelle aus dem Jahre 1773, die in jüngster Zeit sehr schön renoviert wurde; bemerkenswert sind die kleinen bäuerlichen Skulpturen in der Kapelle. Vom Hof führt unser Weg auf dem Fahrsträßchen an der Staufenburg entlang nach Staufen (6) hinab. Zur Rechten haben wir einen freien Blick auf den Kaiserstuhl, auf die Rheinebene und auf die Südvogesen.

Bei klarer Sicht sollte man unbedingt auf die Burg steigen, bevor man in den Ort hinuntergeht. Von dieser gut instandgehaltenen Ruine auf dem mit Weinreben bepflanzten Vulkankegel hat man nicht nur einen prachtvollen Blick in die Rheinebene und selbstverständlich über den Ort Staufen, sondern hier war auch das Zentrum einer lang dauernden und machtvollen Herrschaft. Die Burg Staufen ist 1248 zum ersten Mal genannt worden; die ersten Herren waren Ministeriale der Zähringer. Sie herrschten über Klostervogteien wie St. Trudpert im Münstertal, wo sie auch Silberbergwerke besaßen. Bald nach dem Tod des letzten Freiherrn von Staufen 1602 wurde die Burg im Dreißigjährigen Krieg zerstört. Von der Burg wanderte dann der Amtssitz der Herrschaft in den Ort Staufen. Er ist erstmals 770 urkundlich genannt und 1337 als Stadt erwähnt. Die lange Geschichte im Schatten und dann als Nachfolger einer Burgherrschaft hat Spuren hinterlassen: anschaulichen Geschichtsunterricht erhält der Betrachter des Rathauses, an dem die Wappen und Daten der verschiedenen Herrschaften, ihrer Ein- und Unterordnung deutlich wird. Bis 1806 war es die Ordnung des Heiligen Römischen Reiches. In seinem Rahmen herrschten von 1061 bis 1218 die Herren von Zähringen, von 1111 bis 1602 die Herren von Staufen; von 1218 bis 1368 die Stadt Freiburg, von 1368 bis 1805 die Österreicher. Von 1627 bis 1722 hatten darüber hinaus die Herren von Schauenburg Rechte, von 1738 bis 1805 die Äbte von St. Blasien. Nach der Säkularisierung gehörte Staufen von 1805 bis 1952 zu Baden, das dann in dem Bundesland Baden-Württemberg aufgegangen ist. Doch keine dieser Herrschaften zieht heute noch Touristen an. Staufen hat seinen Helden in dem bekannten Doktor Faustus, der – schenkt man der Zimmerschen Chronik Glauben – nachweislich im Jahre 1539 in Staufen gestorben ist. In dieser Chronik steht folgendes:

»Im Leuen zu Staufen Dr. Faustus
so ein wunderbarlicher Nikromanter gewesen,
elendiglich gestorben und es geht die Saga,
der obersten Teufel einer, der Mephistophiles,
den er in seinen Lebzeiten nur seinen Schwager genannt,
habe ihn, nachdem der Pakt von 24 Jahren abgelaufen,
das Genick abgebrochen und seine arme Seele
der ewigen Verdammnis überantwortet.«

Von dieser Geschichte wurden nicht nur Moritatensänger, sondern auch die Dichter inspiriert, nicht zuletzt Johann Wolfgang

von Goethe. Historisch nachgewiesen für unseren Doktor Faustus aus Staufen ist jedoch folgendes: Der bankrotte Graf von Staufen hatte den Alchimisten Faust als Goldmacher angeworben; er war im Löwen untergebracht, wo er experimentierte und bei einer Explosion starb.
Auf unserem Weg durch die Stadt sehen wir eine Reihe von schönen alten Bürgerhäusern aus dem 18. Jahrhundert. Sie könnten noch viel älter sein, wenn nicht die französische Rheinarmee in den Erbfolgekriegen Ende des 17. Jahrhunderts Feuer gelegt hätte. Das Rathaus von 1546 mit den schon erwähnten Wappen blieb jedoch erhalten.
Über den Neumagen, der aus dem Münstertal herunterfließt, verlassen wir Staufen, folgen der Autostraße in Richtung Grunern am Kapuzinerhof vorbei. Wir gehen um den Sportplatz herum und haben von hier aus dann nach Osten, also linker Hand, den weiten, langen Blick ins Münstertal, das von der runden Kuppe des Belchen, unserem morgigen Tagesziel, geschlossen wird. Nach dem Sportplatz gehen wir auf den Kirchturm von Grunern zu (7). Es spielt keine Rolle, welchen der Wege wir dorthin einschlagen. In der der heiligen Agathe geweihten Kirche deuten eine eindrucksvolle Madonna und die Reste eines alten Altarhäuschens an, daß es hier schon eine ältere Kirche gegeben hatte. Wir gehen dann rechts an der Kirche vorbei und auf der Hauptstraße durch den Ort, lassen zur linken Hand das Schloß Grunern mit dem gräflich hohenthal'schen Obstgut liegen. Auf der Altenbergstraße zwischen Schloß und Friedhof finden wir wieder den gelben Punkt des Bettlerpfades als Markierung. Zwischen Obstbäumen und an Rebbergen vorbei führt unser Weg durch die Wiesen auf die Höhe zum Bauernhof Schöneck. Von hier hat man einen prächtigen Blick zurück auf Staufen, auf den Breisgau und auf den Kaiserstuhl. Es geht weiter auf dem feingeschotterten Sträßchen über einen Kamm; sehr reizvoll ist der Kontrast zwischen den Reben zur rechten und dem schon dunklen, schwarzen Wald zur linken. Auf dem Kamm schauen wir voraus in die Rheinebene und zurück nach Staufen. Nach ein paar hundert Metern überqueren wir die Fahrstraße und folgen der Markierung durch die Reben. Hier ist Vorsicht geboten: wenn wir das kurze Stück durch die Reben gegangen sind, müssen wir im spitzen Winkel nach links einschlagen und nicht dem natürlichen Fall entlang der Bachmulde folgen. Die Abzweigung in den Einschnitt ist zwar markiert, die Markierung ist jedoch über-

wachsen. Diese Spitzkehre ist übrigens auf der topographischen Karte eindeutig vermerkt; spätestens bei solchen Gelegenheiten – die Anmerkung sei erlaubt – akzeptiert man die Notwendigkeit, eine gute Karte bei sich zu haben. Wir sind gleich wieder aus der Bachniederung heraus und gehen auf schmalem Weg durch die Wiese auf den Kastelhof (8) zu. Wir lassen diesen und die Ruine Kastelberg dann rechts liegen und kommen auf ein Fahrsträßchen, dem wir bis zum Kamm links hoch folgen. Wir passieren den Spielplatz von Ballrechten mit seiner mächtigen alten Eiche und gelangen auf den Kurpfad, der uns ein völlig neues Gefühl des Wanderns vermittelt. Auf Tafeln lesen wir jetzt immer im voraus, wieviel wir steigen müssen. Diese Angaben sind zwar nicht für Wanderer, sondern für Herzkranke gedacht, die in der Nähe zur Kur sind; aber es ist auch für den Wanderer ganz interessant, einmal zu lesen, daß er auf »280 Meter 9 bis 13 Prozent Steigung« zu bewältigen hat.
Wer auf diesem Kurweg den gelben Punkt unseres Bettlerpfades verliert, braucht sich nicht zu sorgen: wir kommen sicher oberhalb von Sulzburg aus dem Wald heraus, müssen nur dem Hauptweg folgen und stehen bald an einem Aussichtspunkt mit einer Erklärungstafel, auf der wir lesen, daß vor uns der Schlößleberg liegt, auf dem die Burg der Üsenberger stand, die im 12. oder im 13. Jahrhundert erbaut und 1507 wieder zerstört worden ist. Es sind nur noch einige Mauerreste zu erkennen. Jenseits des Sulzbachtales führt das Fliederbachtal nach Süden in den Wald hinein. Im obersten Teil dieses Tales liegen die Antimongruben, die vom Mittelalter bis zum Ende des 18. Jahrhunderts in Betrieb gewesen waren. Antimon ist ein Metall, das als kosmetisches Mittel oder in der Metallurgie zur Härtung von Weichmetall verwendet wird. Mit diesem Antimon wurde auch Silber gefunden. Nahe bei den Gruben standen die Scheidehütte sowie ein Poch- und Waschwerk, in denen das Erz aufbereitet und verarbeitet worden ist. 1798 brannte die ganze Anlage ab. Da der Bergbau schon vorher keinen Gewinn mehr abgeworfen hatte, gab man ihn damals ganz auf.
Im leichten Schwung führt das Forststräßchen am Rand des Klosterwaldes entlang nach Sulzburg (9) hinab, das wir am Krankenhaus erreichen. Rechts vor uns liegt die alte ottonische Kirche des ehemaligen Klosters. Durch die Ernst-Leitz-Straße kommen wir zur Hauptstraße. Diese Straße ist dem Begründer der Leitz-Werke Wetzlar gewidmet, aus der beispielsweise die

berühmte Leica-Kamera stammt; er wurde hier in Sulzburg geboren. Das Geburtshaus von Leitz finden wir übrigens bei der alten Klosterkirche, die uns in die frühmittelalterliche Geschichte des Ortes zurückführt.
Sulzburg ist zum ersten Mal 847 urkundlich erwähnt. Gut hundert Jahre später hat der Graf des Breisgaus mit Namen Birchtilo in diesem Tal als seine künftige Grabstätte ein dem heiligen Cyriak geweihtes Kloster gegründet und eine Basilika gebaut. 993 schenkte König Otto III. dem Breisgauer Grafen die umliegenden Reichslehen. Obwohl das Benediktinerinnenkloster im Bereich des Bistums Konstanz lag, gingen die Rechte bald darauf an den Bischof von Basel. Nach einigen weiteren Herrschaften fiel Sulzburg schließlich im 15. Jahrhundert an den Markgrafen von Baden. Das Kloster wurde 1556 aufgehoben. Außer der sorgfältig restaurierten, eindrucksvollen Kirche ist heute von jenem berühmten Kloster nichts mehr erhalten. Die 1960 begonnene Renovierung hat die ursprüngliche Gestalt der mehrmals umgebauten erweiterten Kirche wieder hergestellt. Sie bewahrte eines der bedeutendsten Denkmäler aus der ottonischen Zeit in Süddeutschland. Die noch sichtbaren Reste der ausdrucksvollen Wandmalereien sind kurz nach dem Jahr 1000 entstanden. Eine dendrochronologische Untersuchung von zwei im Turm eingemauerten Holzbalken ergab, daß sie von einer Tanne stammen, die schon 996 gefällt worden war. Eine Reihe von Grabsteinen führen den Betrachter in die Geschichte des Klosters zurück oder erinnern auch nur an den Tod von zwei Kindern, die im 18. Jahrhundert im Alter von zwei und drei Jahren gestorben sind: »Sterblicher! Kommst du an diese Statt, so gehe nicht vorbei. Denk auch wie nahe dir dein Tod und Grabe sei. Zwei liebreiche und in der zarten Lebensblüte verwelkte Kinder lehren dich. Ruhet in eurer Grufft, bis uns durch die Lufft, Jesus alle zu sich rufft.«
Die Markgrafen von Baden-Durlach, die wie schon erwähnt im 15. Jahrhundert Herren von Sulzburg geworden waren, machten den Ort 1515 zur Residenz und bauten ein Schloß, von dem jedoch nur noch ein Flügel und ein Turm übriggeblieben ist.
Materielles Fundament der Entwicklung dieses Sulzburg war von Anbeginn der Bergbau. Schon 1028 verlieh Kaiser Konrad II. dem Baseler Bischof das Recht zur Silbergewinnung in diesem Tal. Bis ins 17. Jahrhundert wurden dann nicht nur Silber, sondern auch Blei, Kobalt und Antimon in großem Umfang ge-

schürft. Bis 1830 existierten dort 17 Gruben. Sie waren jedoch in den Kriegen der vorangegangenen zwei Jahrhunderte unrentabel geworden und wurden dann schließlich geschlossen. Das aus dem Jahre 1283 stammende älteste deutsche Städtewappen von Sulzburg mit bergbaulichen Sinnbildern und das später eingerichtete Bergamt weisen auf die Bedeutung des Bergbaues hin, den übrigens schon die Römer in dieser Gegend betrieben hatten.
Einen guten Einblick in die bergbauliche Vergangenheit der Stadt gibt das Bergbaumuseum am Marktplatz. Von hier führt auch ein 5 Kilometer langer Rundwanderweg durch einen Teil des Sulzbachtales vorbei an vielen Stollen und anderen bergbaulichen Plätzen. Weitere Sehenswürdigkeiten sind die restaurierte Synagoge, der jüdische Friedhof und die malerische Hauptstraße mit dem Stadttor aus dem 16. Jahrhundert. Die Stadt mit heute 2200 Einwohnern ist »staatlich anerkannter Luftkurort« und bietet damit die Infrastruktur, die für einen Wanderer nützlich sein kann.

Lfd. Nr. 9 7811 Sulzburg

Anschriften	Tel.-Nr.	Zahl der Betten
Städt. Verkehrsamt, Am Marktplatz	07634/8366	
Gästehaus »Berlin«, Ernst-Bark-Gasse 2	07634/703	14
Haus »Daheim«, Hauptstr. 46	07634/8341	13
Haus »Am Wald«, Schloßbergstraße	07634/8577	10
»Zum Hirschen«, Hauptstr. 69	07634/8208	8
»Zum Rebstock«, Hauptstr. 77	07634/8264	11
»Zum Wilden Mann«, Ernst-Bark-Gasse 2	07634/8265	6

Hinweis: Dazu kommen noch etwa ein Dutzend Privatvermieter mit 2 bis 6 Betten (beim Verkehrsamt erfragen)

2. Tag

Sulzburg – Belchen

Weglänge: 17 km
Gehzeit: 6 1/2 Stunden
Wanderkarte: L 8112 – Freiburg im Breisgau-Süd

Nach dem eher gemächlichen »Spaziergang« des ersten Tages werden uns heute Kondition und Ausdauer abverlangt. Insgesamt haben wir etwa 1200 Höhenmeter zu steigen, die Differenz zwischen Sulzburg und dem Belchen allein beträgt schon fast 1100 Meter. Die Anstiege sind zum Teil jäh, die Wege jedoch immer gut gehalten und sicher zu gehen.
Bis auf die Höhe beim Haldenhof folgen wir der blauen Raute als Markierung; es ist der Zugangsweg zum Schwarzwald-Westweg, auf den wir dann stoßen. Eine erste und kürzere Abweichung von der blauen Raute ist jedoch gleich beim Verlassen von Sulzburg zu empfehlen, insbesondere bei nassem Wetter. Wir gehen auf der Badstraße in Richtung Bad Sulzburg, überqueren den Sulzbach bei der ersten Brücke, und wandern darauf links am Ufer weiter, wo sich ein Richtungshinweis »Fußweg Strandbad« befindet. Beim Campingplatz überqueren wir die Fahrstraße und benutzen auf der anderen Seite des Sulzbaches den Kurweg 1 so lange, bis dieser nach etwa 1,5 Kilometer die Fahrstraße berührt. Wir wechseln hier wieder die Seite des enger werdenden Tales mit seinen steilen Waldhängen und schwenken auf den Zugangweg mit der blauen Raute ein. Zuerst auf einem breiten Forstweg, dann auf einem schmalen Waldpfad am steilen Hang folgen wir Bach und Straße im Hochwald bis zum Waldhotel Bad Sulzburg (10). Dieses Bad mit seiner kalten Mineralquelle war früher einmal sehr beliebt. Vor einigen Jahren ist das Anwesen zu einem komfortablen Hotel umgebaut worden, in dem man zwar die Mineralquelle noch benutzen kann, das aber darüber hinaus vor allem mit Ruhe und Erholung wirbt.

Lfd. Nr. 10 7811 Bad Sulzburg

Anschrift	Tel.-Nr.	Zahl der Betten
»Waldhotel«	07634/8270	70

Wir gehen direkt am Hotel vorbei auf das Wegkreuz hinter dem Tennisplatz zu. Gleich darauf nach einer Weggabelung im Wald beginnt unser Anstieg. Zuerst führt uns ein breiter Forstweg steil hinauf, dann schwenken wir auf den schmalen Serpentinenweg ein, der durch einen Steilhang aus Granitgeröll führt. Eine knappe Stunde nach Bad Sulzburg erreichen wir den Behagelfels, dessen Aussicht jedoch zugewachsen ist. Unser Weg wird dann wieder breiter, offener und kann am Mittag in der vollen Sonne liegen. Eine Weile ist er nur mäßig steil, dann überwindet er wieder rascher den steilen Südhang. Bald stoßen wir auf die Fahrstraße und sehen vor uns die breit hingelagerte Kälbelescheuer (11), ein Bauernhof mit einer Gastwirtschaft, die sich auf der weiten, offenen Weidefläche vor dem Wald hinducken. Auf der Kammhöhe haben wir einen weiten Blick nach links zurück, also nach Nordwesten in den Breisgau und in die Rheinebene. Bei guter Sicht erkennt man im Westen deutlich den Rheinseitenkanal, im Norden den Kandel. Im Osten erhebt sich mächtig die Kuppe des Belchen; in den Horizont ragt – allerdings puppenhausklein – das Belchenhaus, unser heutiges Etappenziel. Wer nach diesem ersten Anstieg von Sulzburg zur Kälbelescheuer das Gefühl hat, schon weit gekommen zu sein, der sollte jetzt den Mut vor dem noch vor ihm liegenden Weg und weiteren 400 Höhenmetern nicht sinken lassen. Erholsam und fast eben wandern wir bis zum Fuß des Belchenmassivs; beim nachfolgenden Anstieg wird die Abwechslung des Weges die Anstrengung leichter ertragen lassen. Wer übrigens in der Kälbelescheuer einkehren will, der muß berücksichtigen, daß dort Montag Ruhetag ist.
Wir folgen an der Kälbelescheuer unserer blauen Raute nach Osten am Hang entlang; rund 5 Kilometer geht es fast eben weiter. Schöne schmale Pfade in dem lichten Laubwald wechseln mit breiteren Wegen; immer wieder öffnen sich nach links weite Blicke ins Münstertal hinab und auf den Belchen voraus. Wir passieren den Weiherfelsen (12) an seinem Fuß und erreichen dann am Haldenhof (13) den Westweg, jene schon klassische Wanderroute von Pforzheim nach Basel. Seine Markierung, die rote Raute, wird uns auf den Belchen führen. Bei diesem Gasthaus (in der Nähe gibt es auf Bauernhöfen auch Privatquartiere) berühren wir die Fahrstraße, ziehen uns jedoch am Omnibusparkplatz gleich wieder in den dunklen Wald zurück. Wir queren auf schmalem Pfad den Steilhang nach Nordosten und kommen,

2. Tag: Sulzburg (9) – Bad Sulzburg (10) – Haldenhof (13) – Belchen (16)

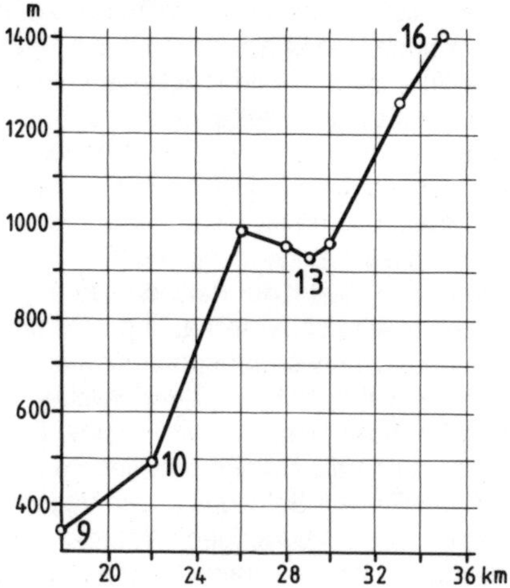

immer noch fast eben, bis zum Heubronner Eck (14), einem schönen Rastplatz am Talschluß mit einem prachtvollen Blick nach Süden in das Wiesental hinunter.
Kurz darauf beginnt dann der Anstieg über die Richtstatt zum Gipfel. Je höher wir kommen, desto alpiner wird unser Weg, an dem mächtige Urgesteinsblöcke liegen. Er führt am westlichen Steilabhang des Belchenmassives nach oben. Bei ausgesetzten Stellen ist der Weg durch den Fels gut mit Stangen gesichert. Bei der ersten Sicherungsstelle sehen wir im Westen noch einmal auf den Sattel mit der Kälbelescheuer zurück. In steilen Serpentinen erklimmen wir nun zwischen Felsabbruch und urwaldähnlichem Hochwald den Hochkelch (15). Der langsam dünner werdende Wald, die zunehmende Vermoosung der Stämme und das vermehrte Auftreten der Bergeschen kündigen an, daß wir uns der Baumgrenze nähern. Diese reicht am steilen Westhang des Belchen bis kurz unter den Gipfel. Wenn wir schließlich aus dem Wald herauskommen, bleiben wir auf unserem Höhenweg, der direkt zum Gipfelkreuz führt. Wir nehmen nicht die Abkürzung zum Belchenhaus, da wir morgen von dort aus direkt nach Osten weitergehen und nicht mehr über den Gipfel kommen.

Der Aufstieg über die letzten Höhenmeter aus dem Wald bis zum Gipfel gleicht dem Besteigen eines Aussichtsturmes. Von Meter zu Meter weitet sich der Blick. Die Aussicht vom Belchen-Gipfel gilt mit Recht als eine der schönsten im Schwarzwald. Bei klarer Sicht sehen wir nach Süden am Horizont die Alpen und davor den Schweizer Jura; nach Westen blicken wir hinunter ins Münstertal, dahinter in die Rheinebene, die von den Vogesen abgeschlossen wird; im Norden und Nordosten haben wir den Überblick über den Hochschwarzwald mit dem Feldberg, auf die sich abflachenden Höhenrücken bis hin zur Baar, immer wieder unterbrochen durch die tief eingeschnittenen Täler.
Wie kein anderer Berg bietet der Belchen dem Freund von Tieren und Pflanzen eine reiche Anschauung. Hier sind noch viele Pflanzen zu finden, die sonst nur in den Vogesen vorkommen. Von allen Schwarzwaldgipfeln paßt der Belchen übrigens am besten zu den Nachbarn jenseits des Rheins. Die Ähnlichkeit wird auch schon durch die Namen beispielsweise des Großen Belchens und des Elsäßer Belchens in den Vogesen angedeutet. Das gesamte Massiv ist übrigens Naturschutzgebiet. Vom Gipfel sind es dann nur noch wenige Minuten bis zum Belchenhaus.

Lfd. Nr. 16 7869 Schönau-Belchen

Anschriften	Tel.-Nr.	Zahl der Betten
»Berghotel Belchenhaus«	07673/281	43

Hinweis: Ausweichmöglichkeiten am Weiterweg Richtung Schönau (z. T. geringe Umwege)

7869 Schönau-Multen		
Gasthaus-Pension »Belchen Multen«	07673/209	26
Café-Pension »Sonne«	07673/7492	17
Café-Pension »Jägerstüble«	07673/7255	11
Haus »Waldpeter«	07673/7417	24
SWV-Wanderheim »Bergfried«	07673/475	20 + 20 Lager

Hinweis: An Wochenenden und während der Wandersaison Vorbestellung erforderlich

3. Tag

Belchen – Todtmoos

Weglänge: 20 km
Gehzeit: 6 1/2 Stunden
Wanderkarten: L 8112 – Freiburg im Breisgau-Süd;
L 8312 – Schopfheim; L 8314 – Waldshut-Tiengen

Schauen wir des morgens vom Belchenhaus nach Osten, – o Täler weit, o Höhen – , dann geht der Schwarzwald bei klarer Sicht in den Horizont über. Dorthin werden wir wandern. Von hier aus scheint es, als tauchten wir für drei lange Tage lang in den Wald ein. Doch dieser Schwarzwald ist kein Urwald, kein gleichförmiger Höhenrücken. Bäche und Flüsse haben tiefe Täler eingeschnitten, die von Menschen schon früh besiedelt worden sind. Diese Menschen eroberten sich den Wald, rodeten ihren Lebensraum aus ihm heraus. Unser Weg folgt nicht den unbewohnten, bewaldeten Höhenrücken, bleibt auch nicht in den dichtbesiedelten Tälern, die sich von Norden nach Süden strekken, sondern wir queren von Westen nach Osten. Das bedeutet Auf- und Abstiege, aber auch den Wechsel aus der Einsamkeit der Wälder in die Fülle menschlicher Siedlungen, deren Zeugnisse das Lebensalter der Bäume bei weitem übertreffen.
Der heutige Weg zählt zwar nur 20 Kilometer. Doch wir werden nach dem Abstieg ins Wiesental, dem Gang über den Hochkopf erneut hinunter in das Wehratal nach Todtmoos sicher das Gefühl haben, ein volles Tagewerk des Wanderers hinter uns gebracht zu haben. Die Kennzeichnung der Route ist wiederum perfekt: Es ist erneut die blaue Raute, die wir gestern auf dem Weg von Sulzburg zum Belchen kennengelernt hatten: es ist die Markierung eines Zugangsweges zu einer der großen Wanderrouten, wie dem Schwarzwald-Westweg. Vom Belchenhaus aus folgen wir in der umgekehrten Richtung diesem Zugang von Schönau.
Der Weg beginnt gegenüber der Haustüre des Gasthofes; über eine Treppe kommen wir auf den Weg. Nach etwa 300 Metern sind wir dann im Tannenwald, in dem wir auf bequemen Serpentinen absteigen. Nach der Überquerung der Autostraße wandern

3. Tag: Belchen (16) – Schönau (18) – Herrenschwand (22) – Todtmoos (24)

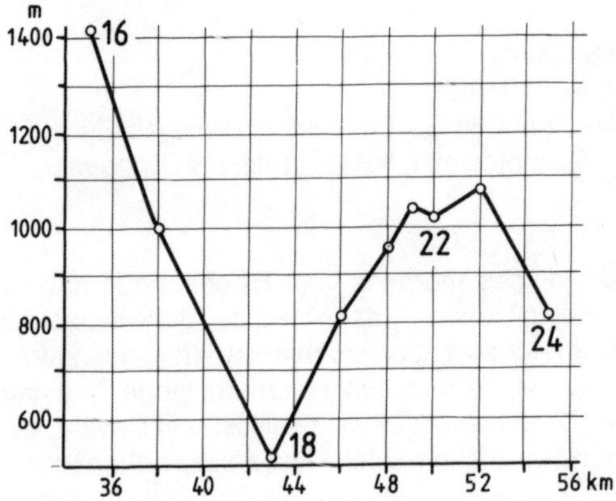

wir nach links hinunter, passen dann jedoch hundert Meter weiter bei den Kandelabertannen auf: es geht hier nicht im natürlichen Gefälle geradeaus weiter, sondern scharf nach rechts. An dieser Stelle ist die Markierung etwas verdeckt. Ganz in der Nähe ist hier übrigens das Wanderheim »Bergfried«, das am Ende des gestrigen Tages als Ausweichquartier genannt wurde. Wir können uns auf diesem Weg, der einmal nur schmal, zum Teil felsig am steilen Hang, dann wieder auf der offenen Weide breit dahinführt, nicht verirren, auch wenn die Markierungen nicht immer sehr deutlich sind. Wer allerdings im dichten Nebel absteigt – und Nebel ist in dieser Höhe gar nicht so selten –, der braucht die gute Karte und den regelmäßigen Blick darauf, um seinen Weg zu finden.

Nach etwa vier Kilometern vom Belchenhaus treten wir aus dem Wald heraus auf eine breitliegende, freie Weide mit weitem Blick nach Süden ins Wiesental: Schwarzwald, wie man ihn sonst auf Postkarten verkauft. Bald sehen wir links unten im Tal den Ort Aitern, dann Utzenfeld. Unser Weg führt an der Nordseite des Hanges stetig abwärts mit ständig wechselnden und schönen Ausblicken. Voraus ist bald darauf Todtnau zu sehen, deutlich zu erkennen an seiner großen Kirche. Dort teilt sich sichtbar das

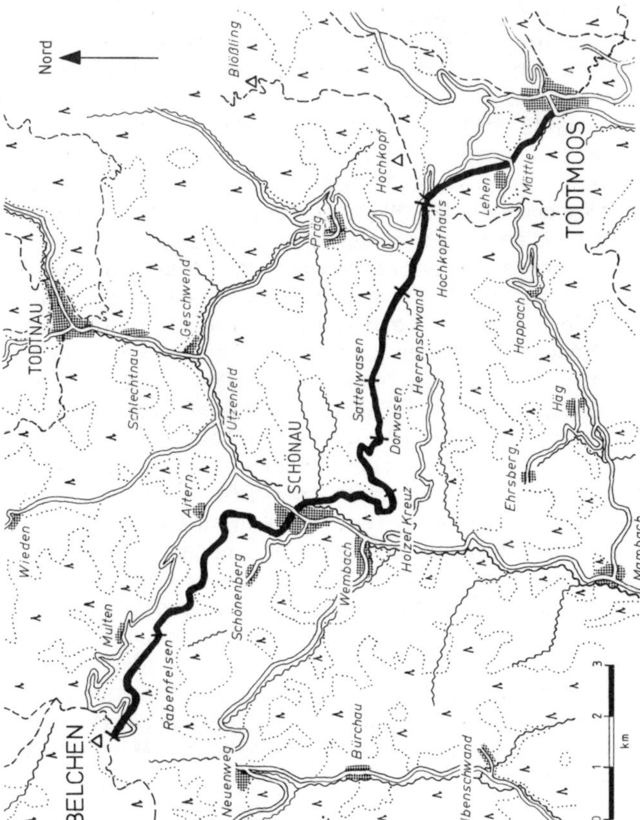

Wiesental: nach rechts geht es zum Feldberg hinauf und nach links über Aftersteg nach Todtnauberg. Unser zwischen Wald und Weide wechselnder Panoramaweg mündet schließlich oberhalb von Schönau auf den Philosophenweg, der heute seinen Namen durch einige Tafeln mit Sinnsprüchen rechtfertigt. Die eingeschnitzten Weisheiten beginnen mit einem Spruch von Ludwig Finckh, dem wir am letzten Tag unserer Wanderung

noch einmal begegnen werden: »Ein alter Arzt bin ich, habe viel erlebt und hab am Ende doch bloß ein Rezept; ich weiß nur einen Rat und keinen anderen: wandern, wandern«.
Markanter Punkt des Luftkurortes Schönau im Wiesental (18) mit seinen rund 2500 Einwohnern ist die neugotische Kirche. Sie ist nicht weniger als die vierte Pfarrkirche des Ortes, im ersten Jahrzehnt unseres Jahrhunderts errichtet. Ihre Vorgängerinnen waren im 18., im 14. und im 12. Jahrhundert gebaut worden. Damit ist auch schon der Hinweis auf die lange Besiedlung des Wiesentales gegeben. Die Geschichte von Schönau ist nachweislich bis in das Jahr 1080 zurückzuverfolgen. In der »neuen« Kirche haben wir ein geradezu mustergültiges Beispiel des nachgeahmten, modernisierten gotischen Baustiles vor uns. Obwohl man die Nachahmung erkennt, übt der Bau eine ähnliche Wirkung wie die Vorbilder aus, die vier oder fünf Jahrhunderte früher entstanden sind. Dieser Eindruck wird verstärkt durch die eingebauten Zeugnisse der alten Kirchen aus dem Mittelalter, nämlich dem Sakramentshaus und dem Flügelaltar. Passend zum Stil der neugotischen Kirche ist gegenüber übrigens das Rathaus Anfang des 20. Jahrhunderts gebaut worden. Neben der Kirche lesen wir im Vorbeigehen an der alten Linde den Hinweis, daß hier zum letzten Mal am 18. Oktober 1737 das Hals- und Landgericht der Talvogtei Schönau ein Todesurteil gesprochen hat. Erwähnt sind hier der Vogt und der Landrichter, der peinliche Ankläger und der Fürsprecher, also der Anwalt mit vollem Namen; der Delinquent wird nur als der »arme Sünder« zitiert.
Wir gehen aus Schönau nach Osten hinaus, überqueren die Friedrichstraße, dann die noch schmal fließende Wiese und folgen der Markierung mit der blauen Raute auf dem Mühlmattweg. Nach etwa einem halben Kilometer zweigen wir nach links in den Wald ab. Hier beginnt unser Anstieg, zuerst nach Süden, paral-

Lfd. Nr. 18 7869 Schönau		
Anschrift	Tel.-Nr.	Zahl der Betten
Kurverwaltung	07673/408	

Hinweis: 8 Hotels und Gasthöfe mit etwa 130 Betten sowie viele Privatquartiere

lel zur Wiese, etwa 300 Höhenmeter hinauf zum Holzer Kreuz. Der Weg führt nur mäßig steil am Hang entlang. Einige Hinweistafeln informieren uns über den Wald, über die verschiedenen Bäume und ihre Nutzung. Sie machen uns auf die Granite, Gneise und Porphyre aufmerksam, deren Formation wir durchsteigen. Zuweilen haben wir von einer Felskanzel den Blick ins Tal, der mit zunehmender Höhe nicht nur weiter wird, sondern uns auch zeigt, wie die Talgründe immer Standorte für Industrien waren und noch sind. Auf den Schildern erfahren wir auch etwas über die Grenzsteine, die hier bei der großen badischen Landvermessung nach 1833, zum Teil aber auch schon im 18. Jahrhundert gesetzt worden sind.
Solche Waldlehrpfade sind nicht nur für die Schulklassen auf ihren Ausflügen nützlich, sie geben uns Wanderern im Vorübergehen Anregung und Verständnis. Es lohnt sich, diese Tafeln zu lesen. So wird uns auf dieser Wegstrecke in dem sogenannten Weidfeld bewußt, wie typisch dieser Wechsel zwischen Wald und Weide ist; wir lernen, wie alt die Bäume am Weg werden können und auch sind. Eiche, Tanne und Linde werden 300 bis 500 Jahre alt; Kiefer und Lärche 100 bis 200 Jahre; Birke, Erle, Aspe, Weide und Kirsche etwa 100 Jahre. Der Waldlehrpfad mündet in einen sogenannten Bannwald. Das ist eine Art Urwald, oder besser noch: ein Freiland-Laboratorium. Hier ruht jegliche forstliche Nutzung; alles bleibt sich selbst überlassen, damit sich die Waldvegetation ungestört entwickeln kann. Bevor wir den Waldlehrpfad verlassen, lesen wir von Johann Peter Hebel den schönen Vers: »Und wenn de anem Krüzweg stohscht und numme weischt wos anne goht, halt still und frog di Gewisse zerscht, s'cha dütsch, Gott lob, und folg sihm Rot.«

Auf einem schmalen Weg zwischen Wald und Weide, an dem immer wieder Prachtexemplare einzelner Bäume, insbesondere Buchen, stehen, steigen wir zum Holzer Kreuz (19) empor. Von dem schmalen Fahrsträßchen haben wir den tiefer werdenden Blick ins Wiesental nach Süden und schließlich vom Kreuz selbst nach Schönau mit dem dahinterliegenden Belchen. Die Fahrstraße wird wieder zum Forstweg. Nach zwei Spitzkehren schlagen wir endlich die Richtung nach Osten ein und steigen am Schneckenkopf und Gscheidkopf vorbei zum offen liegenden Dorwasen (20) und weiter zum Sattelwasen (21). Bei der Hütte haben wir die 1000-Meter-Grenze wieder überschritten und den

Hauptanstieg des Tages hinter uns gebracht. Von dieser offenen Schutzhütte geht der Forstweg fast eben weiter. Praktisch auf der gleichen Höhenlinie schlängelt er sich durch den hochgewachsenen Mischwald. Wenn wir auf die Weide hinauskommen, haben wir Herrenschwand (22) vor uns. Das Sträßchen führt ein paar hundert Meter durch einen mäßig geneigten, mit Heide bewachsenen Hang, auf dem einzelne, windzersauste Bergfichten die ausgesetzte Höhenlage anzeigen.
Herrenschwand ist ein Ortsteil von Todtnau. Es gibt hier einen Gasthof und einige Privatpensionen. Wir folgen hier der aus Todtnau hochkommenden Autostraße in Richtung Präg und gehen bald auf einem Forstweg parallel zur Straße den einen Kilometer weiter bis zum Hochkopfhaus (23). Dies ist ein großes Wanderheim des Schwarzwaldvereins auf 1079 Meter Höhe, Haltestelle der Postautobus-Linie Freiburg-Todtnau-Todtmoos.

Das Hochkopfhaus liegt auf dem Weißenbachsattel; unser Weg von hier nach Todtmoos ist mit der blauen Raute mit weißem Strich markiert. Hinter der Bushaltestelle in Richtung Todtmoos folgen wir dem schmalen Weg auf die Talstation des Skiliftes zu. Wir stoßen danach wieder auf die Autostraße, die wir jedoch nach etwa 150 Metern wieder verlassen, um nach rechts über die Wiese aufzusteigen, doch bald wieder links zum Hang einzuschwenken. Auf einem schmalen Wiesenweg wandern wir oberhalb des Ortes Weg vorbei, folgen der guten Markierung im Zickzack über das »Mättle«. Es ist ein Weg wie aus einem Fremdenverkehrsprospekt. Wir sind jedoch nicht die einzigen, die den Reiz dieser Landschaft erleben; Fremdenheime und Skilifte zeigen uns dies.
Wir überqueren die Straße von Weg nach Todtmoos-Lehen und stoßen nach ein paar hundert Metern auf die Fahrstraße nach Vorder-Todtmoos, der wir folgen. Das ist eine typische Vorstadtstraße eines Kurortes mit vielen neuen Häusern und Eigentumswohnungen. Doch bald sehen wir über den letzten Buckel ins Tal

Lfd. Nr. 23 Weissenbachsattel

Anschrift	Tel.-Nr.	Zahl der Betten
»Hochkopfhaus« des SWV	07674/437	100

auf Todtmoos (24) und auf die alte Wallfahrtskirche, auf die wir auf der Kirchbergstraße ziemlich direkt zugehen.
Todtmoos, an der Wehra zwischen dunklen Tannenhängen gelegen, ist heute ein bekannter heilklimatischer Kurort. Kurgäste sind hier schon im letzten Jahrhundert hergekommen. Doch seit vielen Jahrhunderten und auch heute noch ist Todtmoos das Ziel von Wallfahrten. Geschichte und Legende führen das Jahr 1255 auf, in dem der Pfarrer Dietrich aus dem nahegelegenen Rickenbach im Hotzenwald von der »übergebenedeyten Jungfrau und Himmelskönigin« den Auftrag erhalten habe, an der Stelle der heutigen Kirche »eine Wohnung und Zuflucht zu bauen«. Kurz darauf errichtete er eine kleine Kapelle. Schon 1268 wurde Todtmoos zur Pfarrei, ein neu errichtetes Gotteshaus wurde zur Pfarrkirche erhoben. Rudolf von Habsburg, der spätere Kaiser, war der Schutzherr. Der wundertätige Ruf verbreitete sich rasch; er ging weit über die engere Umgebung hinaus. In die Geschichte eingegangen sind die großen Pest-Wallfahrten der Städte Freiburg und Basel in den Jahren 1427 und 1439.
Die heutige Kirche ist 1727 neu gebaut worden. Kirche und Wallfahrt überstanden die Auflösung des Klosters St. Blasien 1806. Zu dieser Benediktinerabtei hatte Todtmoos seit dem 14. Jahrhundert gehört. Der barocke Bau ist 1927 durch zwei Seitenschiffe und den heutigen Turm vergrößert worden.

Lfd. Nr. 24 7867 Todtmoos

Anschriften	Tel.-Nr.	Zahl der Betten
Kur- und Verkehrsamt	07673/534	
»Gersbacher Hof«, Hochkopfstr. 8, Ortsteil Weg	07673/444	23
Hotel »Löwen«, Hauptstr. 23	07673/505	53
Parkhotel Eckert, Hauptstr. 25	07673/531	
Gasthaus-Pension »Ratsstüble«	07673/224	40
Schwarzwaldgasthof »Rössle«, Ortsteil Strick	07673/525	48
»Schwarzwald-Hotel«, Ortsteil Weg	07673/273	40
Gasthof »Schwarzwaldstube«	07673/400	

Hinweis: Die genannten Häuser tragen die Auszeichnung »Gute Gaststätte im Landkreis Waldshut«. Dazu kommen weitere Gasthäuser und zahlreiche Privatquartiere.

4. Tag

Todtmoos – Blasiwald/Schluchsee

Weglänge: 24 km
Gehzeit: 7 1/2 Std.
Wanderkarte: L 8314 – Waldshut-Tiengen

Für die heutige Etappe ist es ratsam, früh loszumaschieren, denn wir haben nicht nur einen langen Weg vor uns, der an ein paar Stellen steile Anstiege bringt, sondern wir kommen auch durch St. Blasien. Für diesen Ort sollte man etwas Zeit einplanen, um herumzuschauen und herumzugehen. Denn St. Blasien ist ja nicht nur einer der bekanntesten Kurorte des Schwarzwalds, sondern auch ein geschichtliches Zentrum im südlichen Schwarzwald. Doch obwohl wir den verkehrsreichen Fremdenverkehrsort mit seinem Einzugsgebiet durchqueren, werden wir stundenland Wald und Wege für uns allein haben. Unser Querweg führt zumindest in der ersten Hälfte abseits der vielbegangenen Routen. Wir kommen durch kleine Weiler, an einsam stehenden Häusern vorbei, und immer wieder durch diesen schwarzen Wald, wie man ihn sonst nur aus Bilderbüchern kennt. Rechtzeitig aufzubrechen ist auch deshalb ratsam, weil wir hinter St. Blasien noch einmal alle Energie brauchen, um zuerst auf die Höhe nach Althütte und dann wieder hinunter zum Schluchsee zu wandern.
Wer gemächlich wandern oder sich St. Blasien genauer ansehen will, für den bietet sich eine Zweiteilung der heutigen Etappe an mit der Übernachtung in oder um St. Blasien. Am nächsten Tag könnte die Etappe dann bis zum Ort Schluchsee ausgedehnt werden. Sowohl in St. Blasien wie in Schluchsee gibt es eine Fülle von Unterkunftsmöglichkeiten, wobei jedoch immer berücksichtigt werden muß, daß beide Orte beliebte Ferienziele sind.
Unser heutiger Weg ist bis St. Blasien wiederum mit der blauen Raute mit weißem Strich markiert. Wir können den Einstieg nicht verfehlen, wenn wir durch den Kurpark zum neuen Kurhaus von Todtmoos gehen. In der Höhe des Kurhauses überqueren wir auf einem Holzsteg die Wehra, gleich darauf sehen wir rechts voraus an einem Ahornbaum die blaue Raute, die uns über die

Umgehungsstraße führt. Danach geht es direkt den steilen Schotterweg hoch und nicht nach rechts auf das kleine Teersträßchen, obwohl auch dorthin die blaue Raute mit dem weißen Strich markiert ist. Dieser letztere Weg würde uns über die Freiwaldkirche führen; wir nehmen den direkten Weg über Lindau.
Wir haben jetzt einen satten Anstieg vor uns. Er gibt jenen Wandertrainern recht, die ihre Anhänger nach dem morgendlichen Aufbruch zuerst einmal richtig aufwärmen wollen. Wir steigen durch einen großartigen Mischwald mit alten Fichten und Buchen. Nach etwa einem Kilometer, bei der ersten Haarnadelkurve der breiten Forststraße, scheren wir jedoch aus und gehen einen schmalen Weg geradeaus. Das Hinweisschild, das uns von der Forststraße ablenkt, steht unter Umständen nicht mehr an seiner Stelle. Aber nach einigen Metern auf dem schmaleren Weg erkennen wir die Einzelmarkierungen, die dann ausreichend angebracht sind. Wir schneiden einen großen Bogen der Straße ab und steigen im Zickzack den Berg hinauf.
Etwa eine Stunde nach dem Abmarsch von Todtmoos erreichen wir die Hochstraße (25), die uns dann nach Lindau hinunterführt. Mächtige Tannen zeugen von der systematischen Forstwirtschaft, die hier seit weit mehr als 100 Jahren betrieben wird.
An einem schönen, alten Ahorn kommen wir aus dem Wald heraus und sehen dann die paar Häuser von Lindau (26) vor uns. Da es zu einer Einkehr sowieso noch zu früh ist, betrachten wir den Gasthof des aus vier Häusern bestehenden Weilers (rechts hinten) nur von fern und gehen direkt auf den gegenüberliegenden Waldrand zu. Dieses Lindau könnte auch »Linde Au« heißen; aus dem dunklen Wald herausgerodet muten die Wiesen, die Baumgruppen und die Schwarzwaldhäuser wie das Stilleben eines naiven Malers an.
Ziemlich rasch steigen wir den Weg zu dem kleinen Freiwald (27) hinauf und wandern dann auf dem Kirchweg wieder hinunter nach Ibach (28). Wenn wir dann nach dem kurzen Stück Autostraße an den Waldrand kommen und das idyllische Dorf mit der kleinen Kirche vor uns sehen, dann verstehen wir auch, warum wir auf einem Kirchweg gegangen sind. Heute fahren die Kirchgänger aus den umliegenden Weilern, also zum Beispiel aus Lindau, mit dem Auto zum sonntäglichen Gottesdienst. Früher kamen sie auf diesem Weg zu Fuß herunter.
Die blaue Raute führt uns gleich wieder nach rechts von der Fahrstraße weg in den Wald, um bald darauf das moorige Hoch-

tal mit dem Ibach auf einem schmalen Teersträßchen zu queren. Wir könnten auch am Waldrand auf der Fahrstraße direkt zur Ortsmitte von Ibach mit der Kirche weitergehen. Von dort fänden wir wieder leicht den Zugang zum Hohberg und dem Panoramaweg. Die blaue Raute führt uns an einem kleinen Klärwerk vorbei. Dahinter »münden« nach Osten der Ibach und auch das Hochtal im Wald. Im Westen haben wir den Talschluß mit Oberibach vor uns. Die Schwarzwälder Bauernhäuser scheinen wie zufällig in diese zugleich liebliche, wie strenge Landschaft hingestreut. Ibach liegt von den großen Straßen etwas abseits. Es hat deshalb mehr als andere Schwarzwaldorte die Ursprünglichkeit bewahrt.
Nach ein paar hundert Metern auf der Autostraße, am Gasthof »Adler« vorbei, und nach einem steilen Anstieg kommen wir auf den Panoramaweg, der seinen Namen zu Recht trägt. Der Ausblick auf Ibach hinunter ist wie eine Seite aus einem Schwarzwald-Werbeprospekt. Die Sitzbank mit dem Panoramablick am Beginn dieses Weges auf 1050 Meter Höhe bietet sich als ein idealer Rastplatz (29) an. Der Panoramaweg führt dann in leichtem Auf und Ab zuerst durch die Hochweide, dann am Waldrand entlang. Wir streifen durch Heidekraut und durch Heidelbeerbüsche, an moosbewachsenen, windzerzausten Bergfichten vorbei.
Wenn wir auf dieser Höhe Ibach gewissermaßen umrundet haben, biegt der Weg nach Norden ab und senkt sich in das Tal. Gleich hinter der Kuppe öffnet sich bei klarer Sicht geradezu atemberaubend der Blick nach Norden auf die bewaldeten Kuppen hinter dem Albtal. Hinter dieser Bergkette, bestehend aus Steppberg, des Kuhkopf und Bötzberg, liegen dann Blasiwald und der Schluchsee. Bald gehen wir auf einem bequemen Forstweg um den Hohberg herum und wandern in das Steinenbächletal ab. Nach gut einem Kilometer kommen wir bei der Urbergsäge (31) zur Autostraße, die wir jedoch nicht überqueren; wir schwenken nach rechts durch das Sägewerk auf den Steinenbachweg ein. Das ist ein gepflegter Weg – die Nähe der Kurstadt St. Blasien zeigt sich an: einem jedoch noch ziemlich ursprünglichen Tal mit einer üppigen Feuchtflora.
Nach 2,5 Kilometern stehen wir plötzlich vor der mächtigen Kuppel des Domes von St. Blasien (32). Entweder über die Umgehungsstraße oder durch die Unterführung kommen wir von hinten in den Garten des ehemaligen Klosters, der heutigen Inter-

4. Tag: Todtmoos (24) – Unteribach (28) – St. Blasien (32) – Althütte (34) – Eisenbreche (36)

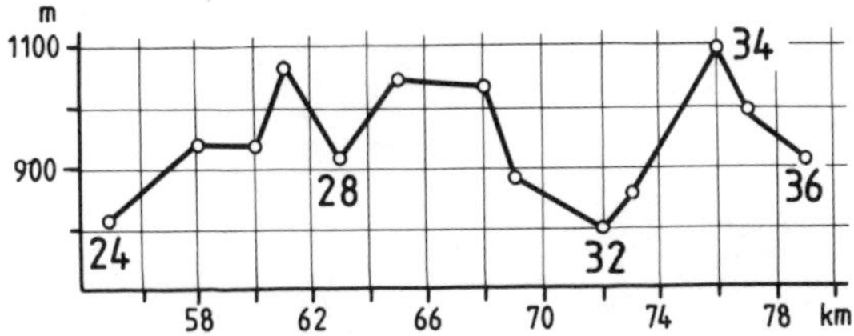

natsschule. Der abrupte Wechsel vom Naturdom des Waldes zum Dom aus Stein, aus Menschenhand, ist faszinierend. Dieser Dom von St. Blasien ist von 1768 bis 1783 im früh-klassizistischen Stil dem Pantheon in Rom nachgebaut worden; seine 72 Meter hohe, im Durchmesser 33,5 Meter messende Kuppel macht Eindruck; sie gibt jedoch trotz aller Größe nur einen matten Widerschein von der Macht des einstigen Klosters St. Blasien, vor dessen letzten Wahrzeichen wir stehen. An dieser Stelle war im Jahre 948 eine Benediktinerabtei errichtet worden. Das Kloster gelangte im 11. und im 12. Jahrhundert zu hohem Ansehen und zu wachsendem politischen Einfluß, den es über Jahrhunderte nicht nur hielt, sondern auch ausbaute. Zu St. Blasien kam 1612 die Grafschaft Bonndorf, wodurch bis in die Mitte des 18. Jahrhunderts der Abt berechtigt war, den Titel eines Reichsfürsten zu tragen. Der damalige Fürstabt Gerbert machte St. Blasien nicht nur zu einem Zentrum von Reichtum und Macht, sondern auch von Wissenschaft und Kunst im Südschwarzwald. Er hat diesen Kuppeldom an der Stelle der seit dem frühen Mittelalter immer wieder errichteten und abgebrannten oder abgetragenen Kapellen und Münster bauen lassen. Doch bald nach diesem Höhepunkt war mit der französischen Revolution das Ende des Klosters und der weltlichen Herrschaft von St. Blasien gekommen. Auch vom alten Klostergebäude ist nichts übriggeblieben, denn es wurde nach der französischen Revolution und der Säkularisierung als Fabrik benutzt; es brannte 1874 nieder, wurde jedoch 1910 in der heutigen Form neu gebaut und zu einem von Jesuiten geführten Gymnasium eingerichtet. Beim Brand des Klosters wurde auch der Chor des Doms in Mitleiden-

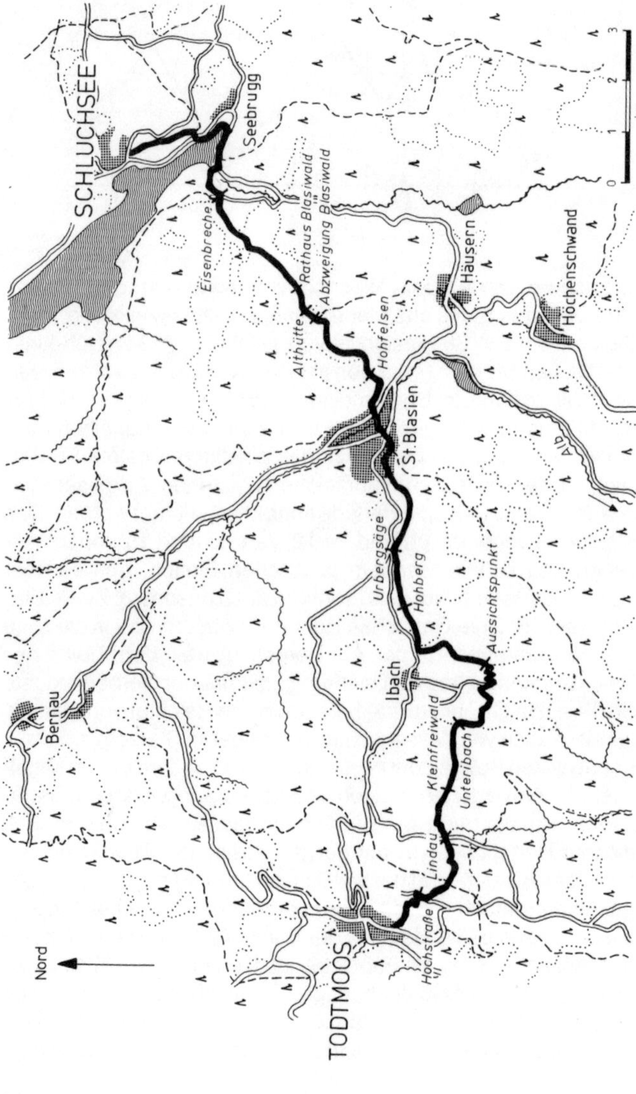
SCHLUCHSEE
Seebrugg
Eisenbreche
Rathaus Blasiwald
Abzweigung Blasiwald
Althütte
Hohfelsen
Häusern
Höchenschwand
St. Blasien
Alb
Urbergsäge
Hohberg
Aussichtspunkt
Ibach
Kleinfreiwald
Unteribach
Lindau
Hochstraße
TODTMOOS
Bernau
Nord
0
1
2
3
km

schaft gezogen. Nach mehrmaligen Anläufen hat man heute jedoch die spätbarocke, klassizistische Pracht weitgehend zurückgeholt. Hand in Hand mit den Renovierungsarbeiten sind in den letzten Jahren die historischen Ausgrabungen betrieben worden, die für den Wissenschaftler sicher aufschlußreich sind. Den unbefangenen Betrachter des Domes von heute verstören die archäologischen Baustellen, die wohl noch viele Jahre bestehen werden.
Kloster und Gemeinde haben ihren Namen übrigens vom heiligen Blasius erhalten, einem Märtyrer aus dem Anfang des 4. Jahrhunderts, der als einer der vierzehn Nothelfer Schutz gegen Halsweh und Zahnleiden gewährt. Die ersten Mönche hier im Albtal bekamen eine Reliquie dieses Blasius geschenkt, der dann zum Schutzpatron des Klosters geworden ist.
Vor einigen Jahren ist übrigens ein Teil des Internatsgebäudes erneut abgebrannt und danach im ehemaligen Stil wieder aufgebaut worden. Wer hier im Herbst 1980 vorbeikam und auf den hunderte von Metern langen Fassaden des sorgsam renovierten Komplexes die frisch aufgesprühten Sinnsprüche politischer Anarchie und moralischer Primitivität las, der wird sich gefragt haben, was das Erbe eines solchen Bauwerkes und einer solchen jahrtausend alten Geschichte heute noch bedeutet.
Der Wanderer, der nach dem langen Waldweg von Ibach her auf die Hauptstraße von St. Blasien kommt, wo die Autos schlangefahren und die Touristenbusse sich auf dem Parkplatz aufreihen, der wird sich schwer tun, den Reiz eines solchen Kurortes zu erkennen. Noch vor fünfzig Jahren war St. Blasien ein zwar mondäner, jedoch intensiver Kurort vor allem für Lungenkranke. Es galt als das Davos des Schwarzwaldes und hat viele Leiden, aber auch viele Hoffnungen der an Tuberkulose erkrankten Menschen gesehen.
Vom Vorplatz des Domes kommen wir über eine der Albbrücken auf die Hauptstraße, auf der wir etwa 500 Meter nach rechts, nach Osten weitergehen, bis wir den »Einstieg« nach Blasiwald finden. Dazu biegen wir von der Hauptstraße nach links auf die Friedrichstraße ein, schwenken gleich darauf auf einem schmalen geteerten Weg nach links und finden hier auch ein Schild nach Blasiwald – Schluchsee. Bei der ersten Spitzkehre der schmalen Autostraße stoßen wir wieder auf die blaue Raute mit dem weißen Strich als unsere Markierung sowie auf den erneuten Hinweis nach Blasiwald. Unsere Straße führt zu dem alten

Blasiwalderweg. Nach 200 Metern passieren wir den mächtigen Block des Hohfelsens aus Buntsandstein. Bald darauf überqueren wir den kleinen Bach nach rechts und wählen darauf den steilsten der möglichen Wege. Dieser Weg, der so glatt gekehrt aussieht wie ein Kurpfad, hat es in sich. Er überrascht in seiner direkten Steilheit. Auch bei der nächsten Wegkreuzung sollten wir nicht hoffen, daß es schon eben oder gar abwärts weitergeht; wir wählen wiederum die steilste Variante. Es gibt im Schwarzwald wenige Anstiege, die diesem Weg nach Blasiwald vergleichbar wären. Da wir noch lange nicht an unserem Etappenziel angekommen sind, gilt deshalb für weniger trainierte Wanderer der Rat, daß man unter Umständen in St. Blasien Quartier machen sollte, wenn man sich dort schon etwas erschöpft gefühlt hatte. Nach etwa 1,5 Kilometer wird unser Anstieg sanfter; wir münden auf einen anderen, ebenso schönen Forstweg ein. Obwohl er weiter steigt, haben wir das Gefühl, es ginge schon eben weiter. Bei der Wegschranke und bei dem Steinkreuz aus dem Jahre 1780 sind wir dann endlich oben. Unser Weg wird vollends zu einem Spazierpfad durch das Hochmoor. Wir erreichen hier den sogenannten Mittelweg des Schwarzwaldvereins, der von Pforzheim nach Waldshut mit der roten Raute und einem weißen Strich markiert ist.

Nach unserem Aufstieg sind wir froh, endlich dieses zivile Fahrsträßchen erreicht zu haben, das uns nach Blasiwald-Althütte (34) führt, das auf fast 1100 Meter Höhe liegt. Von St. Blasien waren das zwar nur vier Kilometer; aber welche Kilometer! Althütte besteht aus etwa einem halben Dutzend Schwarzwälder Bauernhöfen, einer Gastwirtschaft und einer kleinen Holzkapelle. Kurz nach den letzten Häusern finden wir an einem Telefonmast die Angabe der Schneehöhe vom März 1970; es sind schätzungsweise viereinhalb Meter. Da wird einem schlagartig deutlich, daß man hier oben in einer rauhen Gegend ist, in der es mindestens ein halbes Jahr lang Winter bleibt. Auf der leichten Anhöhe hinter Althütte sieht man dann zum ersten Mal voraus einen Zipfel des Schluchsees und dahinter die Ortschaft gleichen Namens. Wir gehen auf den spitzen Kirchturm von Blasiwald zu. Der Blick von unserem Weg zum Schluchsee hinab ist abwechslungsreich und schön; eintönig ist jetzt jedoch der Straßenbelag: wir bleiben bis ins Etappenziel auf Asphalt. Nach einem anstrengenden Wandertag sind unsere Fußgelenke doppelt empfindlich. Doch wir nähern uns erneut einem Zentrum des

Fremdenverkehrs im Schwarzwald. Man muß schon zugestehen, daß ein Ferienort von Wanderern allein nicht existieren könnte. Es benötigt die mobilen Touristen; er muß Autostraßen bauen, damit die Leute auch (herangefahren) kommen. Wir haben einen weiten Blick rechts hinab ins tiefe Schwarzatal. In dieser Landschaft, in dem sich nach Osten abflachenden Schwarzwald gibt es keine schroffen Linien; die Formationen sind weich und fließend. Die vereinzelt stehenden Häuser mit ihren breiten, ausladenden Dächern fügen sich gut in diese Landschaft ein. Bald darauf sind wir am Gemeindezentrum von Blasiwald (35), unserem Etappenziel.

Lfd. Nr. 35 7826 Schluchsee-Blasiwald

Anschriften	Tel.-Nr.	Zahl der Betten
Kurverwaltung	07656/301 07656/520	
Hotel »Blasiwalder Hof«	07656/276	33
Café »Carmen«	07656/812	7
Pension Modispacher, Eisenbreche 15	07656/616	21
Gästehaus »Am Seewald«, Eisenbreche 27	07656/404	12
Gasthaus »Sonne«	07656/274	6
Haus »Sonneck«	07656/347	16
Hotel »Tanneck«	07656/456	23
Pension »Waldheim«	07656/285	15

Hinweis: Hinzu kommen zahlreiche Privatquartiere.

5. Tag

Blasiwald/Schluchsee – Bonndorf/Schattenmühle

Weglänge: 25 km
Gehzeit: 6,5 Stunden
Wanderkarte: L 8114 Titisee-Neustadt

Der heutige Weg ist zwar etwas länger als der gestrige, doch ist er bei weitem nicht so anstrengend. Wir haben nur wenige Steigungen zu bewältigen; über weite Strecken führt der Weg auf dem nach Osten geneigten Schwarzwaldplateau sanft abwärts. So kommen wir auf den kilometerlangen, fast geraden Waldwegen zügig voran.

Von Blasiwald sind wir in einer halben Stunde an der mächtigen Staumauer des Schuchsees (37). Sie zeigt uns, daß hier der Mensch mitgeholfen hat, aus einem der ehemaligen Gletscherbecken – wie es zum Beispiel der Titisee auch ist – den größten See im Schwarzwald zu machen. Das geschah nach 1929. Die Mauer am Ausfluß der Schwarza staut das Gewässer um bis zu 29 Meter auf; der früher rund 1 Quadratkilometer große See dehnte sich damit auf über 5 Quadratkilometer aus. Er dient als Speicherbecken für drei Stufen-Elektrizitätswerke (in Schwarzabruck, Witznau und Waldshut), die erst 1951 fertiggestellt worden sind. Über 25 Kilometer sind die drei Kraftwerke durch Druckstollen mit Durchmessern von 4 bis 6 Metern und einem Gefälle von 620 Metern verbunden. Der Schluchsee wird nicht nur von der Schwarza gespeist, sondern auch von einer Reihe von Bächen, die zum Teil ihm zugeleitet worden sind. Durch den Verbund des Schluchseewerkes mit den Rheinkraftwerken ist es ferner möglich, daß in Zeiten, in denen nicht alle erzeugte Elektrizität abgerufen wird, mit dieser Energie Wasser aus dem Rhein in den Schluchsee hinaufgepumpt wird.

Unser Weg führt uns über die Staumauer und dann am Seerand, aber genauso an der Bundesstraße entlang nach Seebruck (38) hinüber. Dieses künstliche Seeufer ist gewiß kein Naturerlebnis; der Verkehrslärm der stark befahrenen Straße tut ein übriges, diese Kilometer nicht zu den Höhepunkten unserer Wanderung zu zählen. Es erweist sich hier im Nachhinein als richtig, nach der anstrengenden, aber auch sehr abwechslungsreichen und schönen Tour gestern schon in Blasiwald Station gemacht zu haben. Dieses Wegstück durch die von der Technik umgestaltete Landschaft läßt sich an einem Morgen mit frischen Kräften leichter gehen, als nach einem langen Wandertag und schon müden, wenn auch erfüllten Sinnen. In Seebruck verlassen wir dann an der Jugendherberge die Bundesstraße und gehen bis zum Bahnhof am Seeufer weiter. Auf einer Fußgängerbrücke überschreiten wir die Gleise und folgen dann ein kurzes Stück auf einem abgetrennten Weg wieder der Bundesstraße, die wir an einem Parkplatz überschreiten. Auf dem Kohlgrubenweg – es ist wieder ein Forstweg in einem prächigen Wald – wandern wir zuerst etwas leicht bergauf, dann ebenso bergab in den Ort Schluchsee (39).

Schluchsee ist ein vielbesuchter Fremdenverkehrsplatz. Die rund 2000 Einwohner bewirtschaften mehr als doppelt soviele Gästebetten, die vor allem im Sommer gefragt sind. Die gastliche Tradition ist alt; der Ort hatte schon vor 150 Jahren bei englischen Fischern einen guten Namen. Auf die Spuren dieser »Pfadfinder« der Touristik werden wir übermorgen in Bad Boll in der Wutachschlucht noch einmal treffen.

Wir gehen auf die Ortsmitte mit der Dorfkirche zu; hier geht die Fahrstraße nach Bonndorf ab. Der Wegweiser zeigt für die Autos 14 Kilometer. Wir finden hier auch schon unseren Wegweiser, die blaue Raute mit dem weißen Strich, die uns weiter bis zum heutigen Etappenziel den Weg zeigt. Einen knappen Kilometer bleiben wir auf der Bonndorfer Straße, kommen schließlich an dem großen Hotelkomplex zur linken Hand vorbei und schwenken einige hundert Meter darauf an dem Waldparkplatz nach links in den Wald hinein. Es folgt der einzig nennenswerte Anstieg des Tages: es sind etwa 500 Meter zuerst auf einer Forststraße, dann bei der ersten Gabelung auf einem schmalen Weg. Wir durchqueren den Kreuzwald im Wechsel zwischen jungem Fichtenbestand und altehrwürdigem Hochwald. Wenn wir auf der Höhe angelangt sind, kommen wir bald auf die große Rodung mit dem Hof Glaserhaus (40) auf der rechten Seite. Der Ausblick macht uns deutlich, daß dieser östliche Teil des Südschwarzwaldes eine vom Gletschereis der Urzeit glattgebügelte Landschaft ist. Die Höhenrücken, die Bergkuppen und die Täler fließen in weichen Wellen ineinander.

5. Tag: Eisenbreche (36) – Seebrugg (38) – Glashütte (41) – Schattenmühle (43)

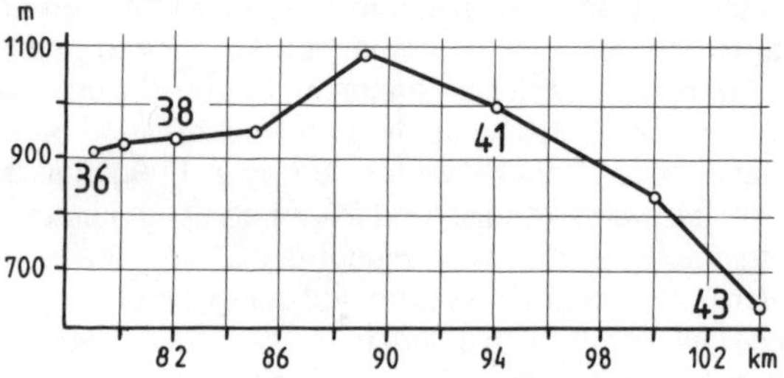

Doch wir wandern nicht lange in der Spannung dieses weiten Blickes, nicht am Waldrand entlang auf dem Weg zum vor uns liegenden Hof, sondern wir folgen unserer Markierung nach links und nach rechts und dann kreuz und quer durch den Wald. Ein paar hundert Meter bleiben wir auf einer Forststraße, dann passieren wir einen Waldweg durch ein »Spalier« hoher Fichten, schlagen uns gleich darauf durch ein Tannendickicht.
Bei der nächsten Waldlichtung stoßen wir auf den Klausenbach, der nach links durch die Wiese hinunter auf den Wald zufließt. Wir folgen an dieser Stelle dem natürlichen Gefühl für den Weg, der neben dem Klausenbach herläuft. Der Bach verschwindet gleich darauf strudelnd in der Tiefe; er mündet östlich von Lenzkirch bei der Löffelschmiede in die Haslach. Wir bleiben auf unserem Forstweg auf der Höhenlinie und umgehen den jähen Abbruch. Ab und zu haben wir einen freien Blick nach Norden, deutlich sichtbar die Gemeinde Kappel, die etwa auf der gleichen Höhe liegt. Dahinter dann die Senke mit dem scharfen Einschnitt des Haslachtales. Nach etwa 2 Kilometer erreichen wir die schmale Fahrstraße, die von Holzschlag heraufkommt und nach Schluchsee führt. Um auf unseren mit der blauen Raute mit weißem Strich markierten Weg zurückzufinden, steigen wir diese Fahrstraße nach rechts etwa 250 Meter hinauf und treffen dann auf den schmalen Waldweg, auf den wir nach links weitergehen und nach etwa einem Kilometer wieder auf

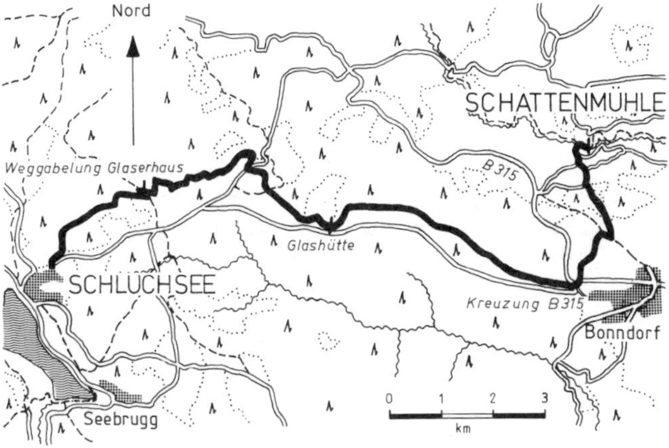

unseren Wanderweg stoßen, der uns in einer Viertelstunde nach Glashütte führt. Eine jahrhundertalte Forstwirtschaft hat diesen Wald zu einem gepflegten Park gemacht. Die alten Fichten und Tannen stehen an ihrer Stelle, als seien sie von einem Architekten gepflanzt worden. Man kann verstehen, daß solche Wälder immer wieder mit den Säulenreihen in gotischen Domen verglichen werden.

In Glashütte (41) kommen wir beim gleichnamigen Gasthof (mit Übernachtungsmöglichkeit) aus dem Wald. Dieses Wirtshaus (Dienstag Ruhetag) liegt für eine Mittagsrast günstig. Der Name erinnert übrigens genauso wie der des kurz zuvor passierten Hofes an die Tradition der Glasbläser im Schwarzwald, die für ihre alte Produktionstechnik vor allem große Mengen Brennholz und Holzkohle benötigten. Von dieser Tradition ist im Schwarzwald – im Gegensatz zum Beispiel zu einzelnen Orten im Bayerischen Wald – nicht viel übriggeblieben. Vielleicht hat hier der Tourismus mit seinen höheren Verdienstmöglichkeiten das alte Handwerk früher als im abgeschiedenen Bayerischen Wald verdrängt. Heute werden ja für handwerklich gefertigte Produkte der Glasbläser Preise bezahlt, die einem Handwerker ein gutes Auskommen sichern.

Nach dem Gasthaus bleiben wir ein kurzes Stück auf der Autostraße. Wir verlassen sie bei dem letzten Haus des kleinen Weilers und machen uns auf moorigem Boden auf den Weg nach Bonndorf. Der Wald ist von einem System von Entwässerungsbächen durchzogen, die alle in den Mühlenbach, an dem unser Weg entlangführt, münden. Es ist erstaunlich, wie aus diesem armen Boden solche Fichtenwälder wachsen können. Streckenweise fließt links und rechts des schmalen Weges das Wasser, das von einer üppigen Moos- und Farnflora begrenzt ist. Der Weg öffnet sich immer wieder, jedoch nur nach oben zum Himmel. Diese Kilometer ziehen sich lange hin; man sieht eben nur das nächste Wegstück vor sich; eintönige Wiederholung der Bilder. Im Grunde fehlt die Spannung von Nähe und Weite. Bei einer Kneipptretstelle – das ist kein schlechter Platz, um nach einer Tagesetappe die Füße zu kühlen – kommen wir dann aus dem Wald. An dieser Stelle muß man sich entscheiden. Wer nach Bonndorf gehen will, überquert die ehemalige Bahntrasse und dann die Bundesstraße 315 (42) oder besser: man unterquert diese vielbefahrene Straße und biegt gleich danach auf dem geteerten Feldweg rechts ab, direkt auf die Kirchturmspitze des etwa einen Kilometer entfernten Städtchens Bonndorf zu.
Bonndorf, ein kleines Landstädtchen, liegt auf 850 Meter Höhe frei zwischen den Wäldern des hier auslaufenden Feldbergmassivs und der Baar. Bei klarer Sicht kann der Blick von Vorarlberg bis zum Mont Blanc überwältigend sein, aber ebenso kalt kann hier oben auch der Wind blasen. Die Geschichte des Ortes reicht bis in die Alemannenzeit zurück. Die Grafschaft Bonndorf war einmal reichsunmittelbar. Der Abt von St. Blasien wurde durch die Übernahme dieser Herrschaft 1613 zu einem reichsunmittelbaren Fürstabt und rückte damit in der Rangordnung der damaligen Zeit ganz weit nach oben. Das schön restaurierte Schloß aus dem 16. Jahrhundert ist eines der wenigen Zeugnisse aus jener großen Zeit. Schon die Umgebung dieses Schloßes wie auch der Zustand einiger noch alter Häuser wirft kein allzu gutes Licht auf die Traditionspflege der Bonndorfer. Daß das Ortsbild eher gesichtslos ist, darf man allerdings den heutigen Bewohnern nicht allein in die Schuhe schieben: im letzten Jahrhundert haben verheerende Brände große Teile des alten Ortes vernichtet. Die geographische und klimatische Lage hat Bonndorf schon vor über einhundert Jahren als Luftkurort

ausgezeichnet. Die reine frische Luft und das ausgesprochene Reizklima bietet auch heute noch die Voraussetzung des blühenden Fremdenverkehrs. Unverständlicherweise verschwiegen wird in den offiziellen Bonndorfer Unterlagen die Kirche mit jenem spitzen Turm, den wir am Ende unseres langen Weges durch den Wald als erstes gesehen haben. Das in der Mitte des 19. Jahrhunderts errichtete neuromanische Bauwerk ist ein geradezu klassisches Beispiel der hochentwickelten badischen Kirchenbaukunst jener Zeit. Die üppige Ausmalung mag den an Sichtbeton gewöhnten Kirchenbesucher zuerst verwirren; man kann sich jedoch beim Betrachten nur schwer der Faszination, ja dem Zwang zur Andacht entziehen. Geradezu ein Schandfleck im Ortsbild ist die ehemalige evangelische Kirche aus dem frühen 19. Jahrhundert, die ein besseres Schicksal verdient hätte, als vor sich hin zu gammeln.

Wer vom Waldrand direkt zur Schattenmühle in die Wutachschlucht wandern will, hat einmal die Möglichkeit, den markierten Wanderweg durch die Lotenbachklamm hinabzusteigen, aber auch direkt auf dem kürzesten Weg zum Ziel zu kommen. Wir unterqueren dazu ebenfalls die Bundesstraße und biegen kurz darauf von dem Feldweg, auf dem voraus die Kirchturmspitze von Bonndorf auftaucht, die kleine Fahrstraße nach links hinauf zu den markanten Fichten, um über Tiefental abzusteigen. Nach dem letzten Haus dieses Weilers führt ein schma-

---

Lfd. Nr. 43   7823 Bonndorf

Anschriften	Tel.-Nr.	Zahl der Betten
Gasthof »Schattenmühle«	07654/324	20

Hinweis: Neben dem Gasthof kann man auch in der eigentlichen Schattenmühle unterkommen (Tel. 07654/266)

Im Ort Bonndorf selbst:		
Kurverwaltung	07703/411	
Hotel »Bonndorfer Hof«, Bahnhofstr. 2	07703/7118	22
Hotel »Germania«, Martinstr. 66	07703/281	12
Gasthof »Kranz«, Martinstr. 6	07703/481	14
Gasthof »Lindenbuck«, Viehmarktstr. 15	07703/434	18
»Schwarzwald-Hotel«, Rothausstr. 7	07703/421	110
Gasthof »Sonne«, Martinstr. 7	07703/336	52

Hinweis: Hinzu kommen zahlreiche Privatquartiere.

ler Wiesenweg, der nicht sehr gut zu erkennen ist, nach Norden auf den Waldrand zu. Auf der gegenüberliegenden Seite der Schlucht sehen wir die Ortschaft Göschweiler. Wir folgen dem Waldrand nach links und kommen dann nach etwa 200 Meter auf die Autostraße hinunter, die wir überqueren, um auf dem Müllerweg kurz und steil zur Schattenmühle abzusteigen. Für den Fall, daß es regnet, sollte man auf der Fahrstraße bleiben; der Müllerweg ist glitschig.
Trotz der ausladenden Kurve der heutigen Autostraße verstehen wir, warum die Schattenmühle (43) ihren Namen bekommen hat; wenn wir vielleicht in der Abenddämmerung, im Schatten, über die Wutachbrücke darauf zugehen. Die Schattenmühle, das ist im engeren Sinn die Mühle mit dem Sägewerk; daneben steht der Gasthof »Schattenmühle«. Dieser Platz ist ein beliebter Ausgangspunkt für die Touren durch die Wutachschlucht, und zwar nach beiden Seiten, also talauf- und talabwärts.

6. Tag

Schattenmühle/Bonndorf – Stühlingen

Weglänge: 31 km
Gehzeit: 8 1/2 Stunden
Wanderkarten: L 8116 – Donaueschingen und
L 8316 – Stühlingen.

Die heutige Etappe führt zwar nicht zu einem der sieben Weltwunder; aber der Weg durch die Wutachschlucht und die Wutachflühen nach Stühlingen gehört bestimmt zu den sieben Naturwundern des Schwarzwaldes. Wir machen heute in der Erdgeschichte einen Sprung von einigen Millionen Jahren. Das Urgestein auf den Höhen, über die wir hierher gekommen sind, hatte 5 Millionen Jahre und mehr vorzuzeigen. Hier unten in der Wutachschlucht stehen wir – erdgeschichtlich gesehen – auf dem Boden von vorgestern. Das Tal ist etwa 70 000 Jahre alt; und das ist in der urlangen Zeit unserer Erde eine so flüchtige Zeitspanne wie ein Tag. Dem Belchen und Hochkopf haben wir angesehen, wie alt und abgetragen sie sind. In dieser Wutachschlucht sehen wir auf Schritt und Tritt, daß sie gerade erst entstanden ist, noch unfertig, noch in ständiger Bewegung. Dem ungewöhnlichen Zustand des Bodens entspricht die Pflanzen- und die Tierwelt.
Diese Vorankündigung der »Sehenswürdigkeiten« des heutigen Weges macht es notwendig, einige Worte zur Etappeneinteilung zu sagen. Absicht dieser Beschreibung ist es, diesen Weg von Freiburg zum Bodensee von einem Samstag bis zu dem darauffolgenden Sonntag zu bewältigen. Bei der Tageseinteilung mußte – wie im Vorwort schon beschrieben – einmal auf eine ausgewogene Länge der Wegabschnitte Rücksicht genommen werden; es ist aber auch die Quartierfrage befriedigend zu lösen. Die heutigen 31 Kilometer fallen etwas aus dem üblichen Rahmen; die Strecke kann leicht modifiziert werden, weil es schon vor Stühlingen am Wege eine Reihe von Unterkunftsmöglichkeiten gibt. Die Einteilung wird insbesondere derjenige verändern, der naturkundlich interessiert ist und sich die Wutach-

schlucht genau ansehen will. Wer sich mehr für die Menschen – und die Stadtgeschichte – interessiert, der wird versuchen, vor allem für Schaffhausen einige zusätzliche Stunden herauszuholen und deshalb an diesem Tag so weit wie möglich zu kommen. Von Stühlingen aus könnte man dann schon am frühen Nachmittag Schaffhausen, am darauffolgenden Tag dann wieder so rechtzeitig Stein am Rhein erreichen, um einen gründlichen Rundgang zu machen. Diese Entscheidung über die Einteilung der Etappen muß jeder nach seinem Interesse treffen; Hilfsmittel dafür sind die Adressenangaben jeweils am Ende eines Tageskapitels.
Ein kurzer Blick auf die Erdgeschichte macht die Einmaligkeit unseres heutigen Weges deutlich. Der Grund dieser Einmaligkeit ist das zweifache Alter dieser Wutach. Sie ist einmal uralt und fließt seit vielen Jahrmillionen im sogenannten Bonndorfer Graben, einen bis zu 15 Kilometer breiten und bis zu 500 Meter tiefen Einbruch der Erdkruste, der heute zwischen Kaiserstuhl und Bodensee die Landschaft prägt. Man schätzt, daß die ersten Einbrüche, die diesen Graben bildeten, etwa 30 Millionen Jahre zurückliegen. Die Wutach war hier ein Teil des Entwässerungssystems im nördlichen Alpenvorland. Doch vor Millionen Jahren spielte hier nicht der Rhein die Hauptrolle, sondern das Aare-Donau-System. Bis etwas vor 70 000 Jahren strömte der Fluß 200 Meter über seinem heutigen Bett als »Feldberg-Donau« nach Osten. Aus den damals vergletscherten Schwarzwaldhöhen brachte der Fluß Unmengen von Geröll herunter und schüttete sich gewissermaßen langsam den Weg zu. Man kann sich vorstellen, wie immer wieder Flutwellen als Folge der Schneeschmelze oder von Unwettern etwa in Höhe des heutigen Achdorf und Blumberg an die Südufer des Tales schwappten, immer wieder ein Stück herausbrachen und schließlich dem Fluß den Weg nach Süden, zu dem weit tiefer gelegenen Rhein hinunter öffneten. Die Wutach erlebte damit das Schicksal wie vorher schon die anderen Flüsse auf der Außenabdachung des Schwarzwaldes, zum Beispiel Alb, Schwarza, Schlücht, Steina, Merenbach – die alle nach anfänglich östlich gerichtetem Lauf plötzlich fast im rechten Winkel nach Süden zum Oberrhein hinunter abbiegen. Von dieser Überlaufstelle setzte dann nach rückwärts die starke Erosion ein, die infolge des starken Gefälles diesen tiefen Einschnitt herausschwemmte. Man hat ausgerechnet, daß die ausgeschwemmte Gesteinsmenge zwischen

Achdorf und dem Hochfirst-Durchbruch bei Neustadt etwa den Umfang des ganzen Matterhorn-Massivs hat.
Der Ursprung der Wutach liegt auf dem Feldberg in 1450 Meter Höhe. Es ist der Seebach, der durch den Feldsee, durch das Bärental und durch den Titisee fließt. Der schon ansehnliche Bach heißt unterhalb des Titisees Gutach und wandelt den Namen nach dem Zusammenfluß mit der Haslach in Wutach. Vom Titisee bis zur Mündung bei Waldshut in den Oberrhein beträgt die Länge des Flußes 77 Kilometer, der Höhenunterschied 530 Meter. Diesem Gefälle verdanken wir die 170 Meter Tiefe und 30 Kilometer lange Schlucht; es ist eines der jüngsten Täler unserer Erde.
Die extreme geologische Situation in diesem noch jungen, unfertigen Tal mit seinen noch zu steilen, oft in Bewegung befindlichen Hängen, mit dem ungebändigten Fluß, der ständig seine neuen Ufer sucht, hat die Natur hier auch vor dem Zugriff des Menschen geschützt. Es sind deshalb in diesem natürlichen Reservat einmalige Lebensbedingungen für Pflanzen und Tiere erhalten geblieben. Auf den feuchten, kühlen Nordhängen finden wir die Relikte der Eiszeit. Die warmen und trockenen Südhänge werden von wärmeliebenden Arten aus der Nacheiszeit bewohnt. Die von Hochwässern gestaltete Talaue bieten mit ihrem nährstoffreichen Boden einer üppigen Kraut- und Staudenflora Lebensraum. Der Wissenschaftler findet hier ein Naturlaboratorium, der Naturfreund ein Bild ursprünglichen Lebens. Der Ruhm, den diese Wutachschlucht zu Recht hat, droht ihr zum Verhängnis zu werden. Denn die geschilderte Ursprünglichkeit, die unberührte Natur gerät durch eine Völkerwanderung der Ausflügler, Spaziergänger und Liebhaber in Gefahr. Seitdem man allenthalben bis in die Talaue hinabfahren kann, »nehmen« immer häufiger neugierige Autotouristen ein paar Kilometer Wutachschlucht »mit«. So verständlich diese Neugierde, so begrüßenswert die Aufgeschlossenheit für dieses Naturwunder ist, jeder Besucher nimmt auch ein Stück der Ursprünglichkeit weg. Fast zwangsläufig geben jüngst die Naturschützer zu erwägen, die Wutachschlucht für Wanderer ebenso zu sperren, wie es seit 1980/1981 für die Wildwasserfahrer schon geschieht. Wer an einem schönen Frühlingswochenende die Heerscharen der Spaziergänger und die fröhlichen Gesellschaften an den Rastplätzen sieht und hört, der kann die Naturschützer verstehen. Die Wutachschlucht wäre nicht der erste Fall, wo die

Natur nur durch »Ausschluß der Öffentlichkeit« erhalten werden kann.
Von der Schattenmühle an folgen wir etwa 17 Kilometer auf dem sogenannten Querweg Freiburg-Bodensee, der vom Schwarzwaldverein mit der rot-weißen Raute auf gelbem Rechteck gut markiert ist. Die Schattenmühle ist nicht nur Rastplatz und Flußübergang, sondern auch der geologische Grenzpunkt zwischen der Grundgebirgsschlucht, die von Neustadt bis hierhin führt und der Muschelkalkschlucht, die bis zur Einmündung der Gauchach reicht; von dort führt der Weg dann durch die Schluchtformation aus Keuper und Jura. Bei nassem Wetter, und schon gar bei Hochwasser, ist von dem ersten Stück des Querweges nach der Schattenmühle abzuraten. Man geht den bequemeren Weg über das rechte Ufer nach Bad Boll. Wir folgen dahin ein kurzes Stück auf der Autostraße in Richtung Bonndorf, bleiben dann jedoch nach der ersten großen Kehre in der Richtung der Wutachschlucht. Wir schlagen das linke, das nicht geteerte der beiden Sträßchen ein, den Dietfurter Weg, und lassen den Kinderspielplatz rechts liegen. Nach einer knappen Stunde kommen wir bei der Dietfurter Brücke (44) an die Wutach. Hier bestand bis etwa 1875, also bis zum Neubau der Straße, die bei der Schattenmühle die Wutach quert, die einzige Verkehrsverbindung zwischen Bonndorf und Löffingen. Kurz nach diesem Straßenbau ist auch die Dietfurter Mühle an dieser Stelle abgebrochen worden. Wir bleiben auf dem rechten Ufer der Wutach. Nach etwa 300 Metern kommen wir zu einem durchlöcherten Felsen; hier wird uns zum ersten Mal deutlich, wie jung die Landschaft hier noch ist, welche Schiebekräfte noch wirksam sind, welchem Druck dieser Felsen noch ausgesetzt ist. Man befürchtet, daß er jeden Augenblick in die Wutach stürzen könnte. Ähnliche Situationen werden wir in den nächsten Stunden immer wieder beobachten können.
Wer in Bonndorf übernachtet hat, der braucht nicht den Weg über die Schattenmühle zu nehmen, sondern er folgt der blauen Raute mit dem weißen Strich, der über das Dorf Boll hinunter in die Schlucht nach Bad Boll führt. Dieses Bad Boll (45) oder besser: was von ihm übriggeblieben ist führt seine Badetradition bis ins Mittelalter zurück. Seine Heilquelle war als Mittel gegen Hautkrankheiten und gegen Rheuma weit bekannt. Um 1900 stand hier ein Badehotel mit allem Komfort; sein Park und seine Alleen waren weltberühmt. Doch die Mineralquelle war nicht der

6. Tag: Schattenmühle (43) – Schurhammer-Hütte (46) – Achdorf (49) – Bahnhof Lausheim-Blumegg (51) – Stühlingen (53)

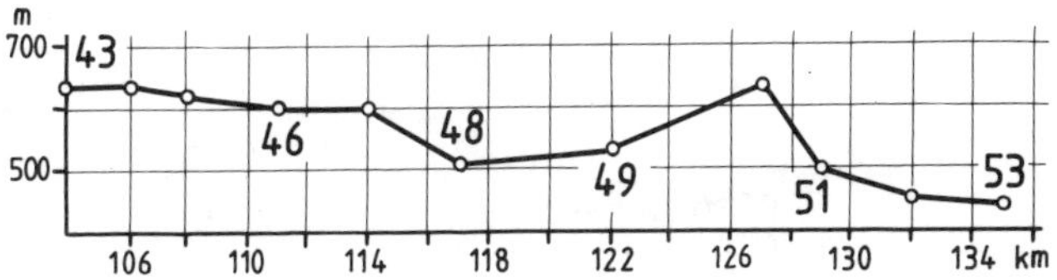

alleinige Schlüssel zum Ruhm: noch wichtiger waren die Forellen. Die Wutach war eines der besten Fischgewässer Europas. Die Engländer wußten dies so sehr zu schätzen, daß der British Fishing Club eines Tages das Badhotel und die ganze Anlage gekauft hatte. Den Ersten Weltkrieg überlebte Bad Boll allerdings nicht. Doch es war nicht der Krieg, der dieser Idylle ein Ende bereitete, sondern die Papierfabrik, die der Fürst zu Fürstenberg aus Donaueschingen in Neustadt baute. Diese Fabrik und ihre Abwässer würde man heute als handfesten Umweltskandal bezeichnen. Damals floß die Sulfatbrühe ungeklärt in die Wutach; nach kurzer Zeit war sie ein toter, stinkender Fluß. Die Forellen waren ausgerottet, die Engländer kamen nicht wieder, das Bad verfiel. Versuche der Wiederbelebung in der Folgezeit mißlangen; vielversprechend ist der in jüngster Zeit begonnene Aufbau durch zwei junge Lehrer. Künftig dürfte hier der Wanderer wieder Rast und Quartier finden.
Unser Weg führt durch die früher so berühmten Alleen mit alten Buchen, Linden, Eschen, Ahornen, Ulmen und Kastanien, die zum Teil schon abgestorben sind. Mit etwas Phantasie kann man sich lebhaft vorstellen, was sich hier vor achtzig Jahren abgespielt hat, wenn die Gentlemen mit ihren Breecheshosen und ihren Angelruten durch die Alleen auf das gefährliche Ufer zu gingen, um Forellen-Champion zu werden. So ganz ungefährlich war dies Fischen durchaus nicht: kurz nach der Allee kommen wir an einer Gedenktafel vorbei, auf der in Englisch steht, daß Fritz G. Rueff am 30. Juli 1906 hier sein Leben verloren hat.

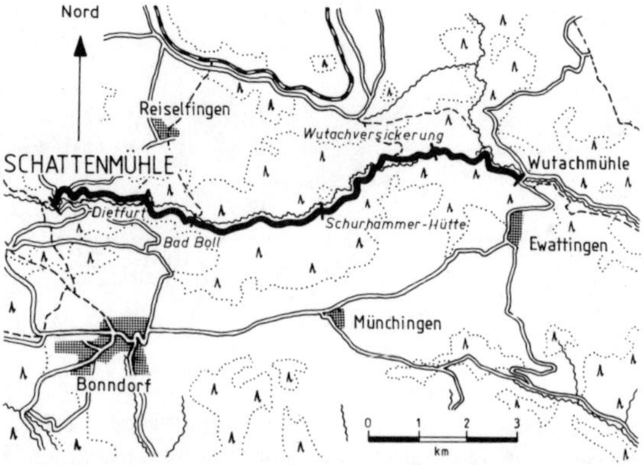

Am Ende der Allee erreichen wir den sogenannten Felsenweiher, über dem die steile Wand emporragt. Hier beginnt der Muschelkalk und die für ihn charakteristische Klamm. Man sieht deutlich, wie die Wutach Kies anschwemmt und immer wieder vor den Schotterhindernissen ausweicht, die sie selbst aufschichtet. Wir finden die ersten breiten Felder von Pestwurz mit ihren großen rhabarberähnlichen Blättern. Hinter dem Felsenweiher beginnt der Ludwig-Neumann-Weg, der uns auf den nächsten Kilometern immer wieder über Holzstege sicher durch die Schlucht führt. Rechts fließt der Tannegger Bach über die Felsen herab und baut ein interessantes Tuffgebilde auf. Schrägstehende Bäume und gestürzte Steine weisen uns immer wieder auf die noch gewissermaßen in Geburtswehen liegende Landschaft hin. Auf dem vorerst etwa 2 Kilometer langen Weg durch die Talaue sehen wir auf Schritt und Tritt, daß hier auch die Flora noch jugendlich ist. Sie wird in ihrer Zusammensetzung durch die immer wieder eintretenden Überschwemmungen bestimmt. Die jüngst entstandenen Kiesbänke liegen fast kahl da; stellenweise keimen schon Kräuter, wie das gelbe Barbarakraut. Hat eine Kiesbank das Jahr überdauert, so wird sie oft von der schon erwähnten Pestwurz besiedelt. Weidenbüsche folgen einer weiteren Verfestigung und sorgen gleichzeitig dafür, daß unter ihrem Schutz Grau- und Bruchweiden wachsen; dann wurzelt auf höheren Bänken die so typische Grauerle. Im Frühjahr findet hier der Pflanzenfreund sein Eldorado.

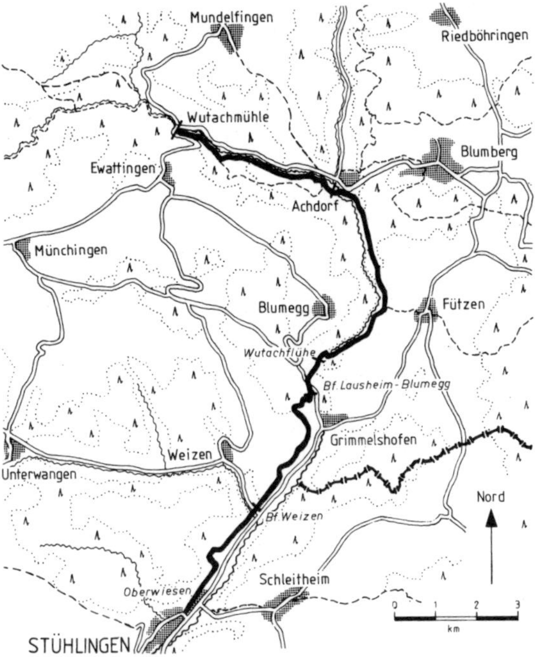

Aus der Talaue steigen wir in ausgehauenen Stufen am Hang hoch. Mit Seilen gesichert durchqueren wir eine Felswand; 30 Meter unter uns liegt die Wutach. Man sollte an dieser Stelle nicht nach oben schauen, um vor den überhängenden Felsen nicht zu erschrecken; man ahnt, man spürt, daß diese Steine irgendwann einmal abbrechen.

Von diesem nicht nur in Metern zu messenden Höhepunkt unseres Weges durch die Wutachschlucht steigen wir wieder zur Talsohle hinunter und kommen zur Hermann-Schurhammer-Hütte (46), eine an belebten Wochenende bewirtschaftete Schutzhütte, die zum Gedenken an den »Vater des Naturschutzgebietes Wutach-Gauchach-Schlucht vor einiger Zeit errichtet worden ist. Schurhammer hat von 1881 bis 1952 hier gelebt. Durch die vorwiegend mit Erlen und Eschen besetzte Talaue wandern wir zuerst auf einem Wirtschaftsweg weiter, kommen an steilen Kalkwänden vorbei und stoßen schließlich beim Rüm-

mele-Steg (47) auf die schroffe Felsbarriere, in deren Fuß ein Teil des Wutachwassers verschwindet. Dieser Steg ist eine interessante Mischung von Hänge- und Ziehbrücke. Die Technik ist dem schwankenden, noch nicht gesetzten Untergrund angepaßt. Wir folgen darauf auf einem breiten Weg durch die Talaue und überqueren auf einem Holzsteg bald wieder die Wutach. Bei Regen ist dieser Weg ziemlich grundlos; knöchelhohes, gutes Schuhwerk ist auf dieser Wanderung allein für solche Situationen absolut notwendig. Bald stoßen wir auf die Felswand, aus der das zuvor versickerte Wutachwasser wieder sichtbar austritt: wie ein Bach strömt es aus dem Fels hervor. Zwischen der steilragenden Wand und dem Flußufer wandern wir auf schmalem Steig weiter. Es ist ein Weg wie durch einen verwilderten Park; immer wieder durchqueren wir eine schroffe Klamm und spazieren in die breiten Talauen hinaus.
An der Einmündung der Gauchachschlucht vorbei, steigen wir auf einem breiten Forstweg steil weg aus dem Tal und folgen dann wieder langsam hinunter zum Fluß, zur Wutachmühle (48). Das Naturschutzgebiet, das Naturphänomen Wutachschlucht, endet hier.
Unser Weg führt jetzt durch den Lagerplatz des Sägewerkes, am Gasthaus und an der Autobushaltestelle vorbei auf die Autostraße. Wir überqueren nicht die Wutachbrücke, sondern folgen der rot-weißen Raute des Schwarzwald-Querweges auf der Straße etwa 300 Meter weiter bergauf, wo wir bei der ersten möglichen Abzweigung nach links in den Feldweg einschwenken. Dieser Wald- und Wiesenpfad bliebe sicher besser in Erinnerung, wenn er nicht mit Bauschutt aufgefüllt wäre. Doch hier ist nicht an den Schuh des Wanderers, sondern an Reifen des Traktors gedacht worden. Bald darauf kommen wir aus dem Wald heraus auf eine freie Wiese mit schönem Blick auf den Buchberg bei Blumberg; wir halten uns nach links am Waldrand und steigen wieder in die Talaue ab, passieren eine als Rastplatz geeignete Hütte. Fast unvermittelt wandern wir nach der Urwelt der Wutach-Schlucht wieder in einer zivilisierten Landschaft. Wir stoßen bald auf eine kleine Fahrstraße, die nach Überachen führt. Wir überqueren diese und gehen auf dem rechten Ufer der Wutach talabwärts.
Der Weg zeigt deutlich die Buckellandschaft, die durch viele Bergrutsche und Abstürze entstanden ist. Bald taucht am anderen Ufer der Wutach das Dorf Aselfingen auf, voraus dann

der Kirchturm von Achdorf. Überall können wir hier die Spuren der jüngsten Erdgeschichte entdecken. Solange die Hänge noch nicht die richtige Neigung haben, bleiben sie in Bewegung, rutschen nach. Große Bergstürze sind hier zwar nicht an der Tagesordnung, kleinere Rutschungen und Abbrüche, aber sind gegenwärtig. Am Spiegelheldele gegenüber Achdorf und am Scheffheu gab es 1880 einen großen Erdrutsch, 1940 noch einmal am Scheffheu und dann 1966 am Eichberg oberhalb und am Buchberg unterhalb von Achdorf.

Wir überqueren die Wutach und gehen nach Achdorf (49) hinein. Hier ist – wie schon erwähnt – vor etwa 70 000 Jahren die Wutach »über die Ufer« geschwappt und nach Süden, zum Oberrhein hin ausgebrochen. Von hier aus hat dann die Erosion flußaufwärts eingesetzt und die Wutachschlucht bis nach Neustadt hin geformt. Die weiteren Talauen und die flacheren Hänge haben schon früh eine Besiedlung ermöglicht. Achdorf ist urkundlich zum ersten Mal im Jahre 755, Aselfingen im Jahre 802 erwähnt worden. Achdorf hat nicht nur bei den Geologen Berühmtheit erlangt, sondern fühlt sich auch mit einem der populärsten Schriftsteller des 19. Jahrhunderts, Viktor von Scheffel, eng verbunden. Der Autor des »Ekkehard«, des »Trompeters von Säckingen«, von vielen Studentenliedern wie beispielsweise »Als die Römer frech geworden«, hatte hier sein »Ausruhnest«. Der Ort ist Schauplatz seiner historischen Erzählung »Juniperus«. Im Gasthof »Scheffellinde« kann man heute noch auf dem Platz des Dichters sitzen.

Am Ortsausgang von Achdorf verlassen wir den Querweg Freiburg-Bodensee des Schwarzwaldvereins und biegen nach rechts, nach Süden ab, um parallel zur Wutach auf dem sogenannten Schwarzwald-Ostweg weiterzuwandern, ein mit der Markierung der schwarzroten Raute auf weißem Grund bezeichneten Weg von Pforzheim nach Schaffhausen. Das schmale geteerte Fahrsträßchen, auf dem wir jetzt etwa 3 Kilometer gehen müssen, heißt im Volksmund »Wellblechsträssle«. Es geht

Lfd. Nr. 49 7711 Achdorf

Anschriften	Tel.-Nr.	Zahl der Betten
Gasthaus »Scheffellinde«	07702/2441	13
Pension »Regina«	07702/844	8

auf und ab, ein Buckel folgt dem anderen. Dies hat die Ursache in dem jugendlichen Übermut der Landschaft, in den zahllosen Erdrutschen, über die hinweg die Straße gelegt worden ist.
Wie die Wutach es vor 70 000 Jahren getan hat, so brechen auch wir in Achdorf aus der bisherigen West-Ost-Richtung unserer Wanderung aus und gehen nach Süden weiter. Wenn wir auf dem »Wellblechsträssle« den Waldrand erreichen, verlassen wir – wie ehedem die Wutach – den Bonndorfer Graben.
Die Spur des Durchbruchs führt durch eine 3 Kilometer lange und 150 m tiefe Schlucht. Gewissermaßen in 2 Etagen sind die Kalkfelsen stehengeblieben, als sich der Fluß immer tiefer in den Grund hineinfraß.
Vom »Wellblechsträssle«, das nach Fützen hinaufführt, finden wir den Einstieg in diesen Talabbruch angezeigt. Es ist der Weg durch die Wutachflühen (50). Im Wort Flühe steckt das alemannische Fluh, das Felswand bedeutet. Vorsorgliche Hinweise auf den Markierungstafeln des Schwarzwaldvereins weisen den Wanderer darauf hin, daß er jetzt aufpassen muß. Doch selbst der obere Flüheweg, den wir in unserer Wanderskizze eingezeichnet haben, kann von jedem begangen werden, der unseren Weg bisher gewandert ist. Denn er wird ja keine Sandalen tragen, sondern Wanderschuhe mit einer Profilsohle, und er wird so trittsicher sein, daß er einen Weg am Steilhang im Wald queren kann. Der Blick in die Tiefe wird immer durch Büsche und Bäume abgefangen; man braucht also keine Angst vor dem Schwindel zu haben, der einen an ausgesetzten Wanderwegen im Hochgebirge überfallen kann. An einigen Stellen muß man auf seine Füße aufpassen. Wer hier stolpert, der könnte schon einige Meter wegrutschen. Besonders bei feuchtem Wetter ist erhöhte Vorsicht geboten, weil der Weg dann schmierig wird. Doch er ist immer breit genug, um mit Sorgfalt ein mögliches Risiko auszuschalten.
Wir queren im Laubwald den steilen Hang. Die Formationen der Felsabbrüche schauen wie steinerne Gesichter auf uns herunter. In steilen Tobeln (Sturzdobel) kommen die zufließenden Bäche durch diese Flühen. An den schönsten Stellen müssen wir auf den Weg achten. Es ist deshalb die Überlebensregel des Hochgebirgswanderers zu beachten: »Gehen oder sehen«. Es lohnt sich jedoch, immer wieder stehen zu bleiben und in die Flühen hinauf zu schauen. Man hat hier wirklich den Eindruck, daß die Erde noch in Bewegung ist. Immer wieder hängen die

Felsen über, und überall stehen schräge Bäume. Es wird nicht lange dauern, dann liegen sie und vermodern wie die vielen anderen, an denen wir vorbeikommen, die wir unter Umständen überklettern müssen. Es ist ein Stück Urwald in dieser so jungen Landschaft.
Wir haben auf unserem Weg nur selten einen Ausblick ins Wutachtal oder voraus auf die vor uns liegenden Felswände. Nach einigen Kilometern verliert der Weg seine Dramatik und wir steigen langsam auf dem zuweilen glitschigen, jedoch ungefährlichen Weg durch den Wald hinunter zur Talsohle. Solche Wege sind immer etwas langweilig; das ist psychologisch leicht zu begründen, weil trotz der Vielfalt der Pflanzenwelt die Spannung zwischen Nähe und Weite fehlt, die nur durch Ausblicke entstehen könnte.
Ein solcher Spannungspunkt taucht jedoch in der Talsohle vor uns auf: Es ist das Viadukt der sogenannten Strategischen Bahn, die vor dem Ersten Weltkrieg gebaut worden war, um Donaueschingen und Waldshut zu verbinden. Die Kennzeichnung »strategisch« kommt daher, weil diese schwierig zu bauende Bahn den Truppentransport aus der Richtung Konstanz und Stuttgart an den Oberrhein und in das Elsaß sichern sollte. Die direkte Linie führte über Schaffhausen, also durch die Schweiz; sie war deshalb im Kriegsfall nicht zu benutzen. Es lohnt sich, auf der Karte die Streckenführung dieser Bahnlinie zu verfolgen und unseren Standpunkt zu markieren. Wir widerstehen der Versuchung über die Brücke zu gehen, sondern überqueren die Wutach auf einem eisernen Steg und gehen unter dem Viadukt hindurch, steigen auf der anderen Seite zu seinem Ansatz hinauf und folgen dem Weg dann weiter in den Wald hinein. Wir dürfen uns hier nicht verwirren lassen: der Tunnel, dessen Eingang wir am Viadukt gesehen haben, ist der Beginn einer großen Kehre im Berg. Das Gleis, an dem wir entlanggehen, kommt also gewissermaßen aus dem anderen Ende des Tunnels heraus. In der Fachsprache der Eisenbahner ist dies ein Kreiskehrtunnel; es ist einer der wenigen, die es in Deutschland gibt.
Die Markierung des Ostweges des Schwarzwaldvereins bringt uns jedoch ungeachtet des Verwirrspiels der Eisenbahner sicher zum Bahnhof Lausheim-Blumegg (51) mit einer Bahnhofswirtschaft. Spätestens hier wird deutlich, daß diese strategische Bahn keinen strategischen Zweck mehr verfolgt, kaum noch Bahn ist. Denn hier verkehrt nur noch während der Saison

an Samstagen, Sonn- und Feiertagen oder zu besonderen Anlässen eine prustende, pfeifende Dampfbahn zwischen Blumberg und Weizen für Freunde alter Eisenbahnen.
Nach der Bahnhofswirtschaft, die auch hier noch »Wutach-Schlucht« heißt, halten wir uns nach links und steigen auf einem zuerst breiten, dann schmalen Waldweg im Zickzack zügig auf unsere »Wanderhöhe«, auf der wir dann meist eben weitergehen. Beim ersten freien Blick in das Wutachtal sehen wir links unter uns, also nach Südosten, den Ort Grimmelshofen. Wenn wir das Straßengeräusch aus dem Tal herauf hören, dann sollten wir es genießen, daß unser Weg abwechslungsreich durch Lichtungen, dunkle Mischwälder, hier oben weiterführt. Wir queren die Kuhhalde und sind bald nach ein paar kurzen, steilen Abstiegen auf der Straße im Tal und damit am Bahnhof Weizen (52). Hier ist die Endstation des Dampfbähnleins.
Bahnhöfe waren immer schon Anziehungspunkte für Gastwirte und Gewerbetreibende. Hier an dem Bahnhof Weizen – der Ort liegt einige Kilometer abseits – haben sich sowohl das Gewerbe als auch die Gastwirtschaft erhalten. Dies ist sicher durch die Kreuzung zweier wichtiger Verkehrswege begünstigt worden, die heute ausgebaute Autostraßen sind. Die ehemalige Bahnhofswirtschaft hat sich den höheren Ansprüchen der motorisierten Verkehrsteilnehmer angeglichen. Der Wanderer kann hier auch übernachten; allerdings darf er nicht zu empfindliche Ohren haben. Bis Stühlingen wandern wir noch eine knappe Stunde. Wir bleiben zuerst etwa 300 Meter auf der stark befahrenen Autostraße und schwenken dann rechts in den Wald hinauf. Nach kurzem Anstieg erreichen wir eine breite Forststraße, auf der es zuerst gemächlich abwärts geht. Beim Austritt aus dem Wald biegen wir scharf nach rechts ab und umgehen den Taleinschnitt. Abwechslungsreich über Waldwege und Forstwege kommen wir dann nach Stühlingen (53) hinunter. Beim Austritt aus dem Wald haben wir die Burg Hohenlupfen vor uns, sie gehört heute den Fürsten von Fürstenberg, die in Donaueschingen residieren. Auf dem Behaghelweg kommen wir zu den Bahngleisen und zum Fluß hinunter. Wir merken uns die Markierung des Ostweges, die um den Bahnhof herumführt, gehen jedoch auf der Autostraße weiter nach Stühlingen hinein, wenn wir hier übernachten wollen.
Hier sind wir nach unserer viertägigen Wanderung durch den Schwarzwald und seine Siedlungen wieder in einem städtischen

Gemeinwesen. Wer sich in das Leben, in das Gefühl eines Bürgers hineinzuversetzen mag, der wird sich hier wohlfühlen, fast so, als wäre er jetzt dem Wald entronnen. Stühlingen ist schon seit mehr als 700 Jahren Stadt. Es war lange die Hauptstadt der Landgrafschaft Stühlingen. 200 Jahre lang herrschen dann die Fürstenberger, die auf dem mächtigen Hohenlupfen – wie schon erwähnt – zwar noch wohnen, jedoch nicht mehr herrschen können. Sehenswert ist die Oberstadt mit den enggebauten Winkeln, die St.-Sebastian-Kapelle aus dem 13. Jahrhundert, der Marktplatz mit Brunnen und Rathaus aus dem 15. Jahrhundert, ferner das Kapuzinerkloster und die Stadtkirche.

Lfd. Nr. 53 7894 Stühlingen

Anschriften	Tel.-Nr.	Zahl der Betten
Verkehrsbüro, Hauptstr. 7	07744/466	
Privatpension Gysi	07744/5298	22
Hotel-Gasthof »Krone«	07744/321	37
Gasthaus-Metzgerei Lang	07744/366	9
Gästehaus Pflenzel	07744/5607	19
Gasthaus-Pension »Rebstock«	07744/375	48
Gästehaus Schüle	07744/368	9
Gasthof-Pension »Stühlinger Hof«	07744/484	33
Jugendherberge	07744/5127	85

Hinweis: Hinzu kommen zahlreiche Privatquartiere.

7. Tag

Stühlingen – Schaffhausen

Weglänge: 19 km
Gehzeit: 5,5 Stunden
Wanderkarte: L 8316 – Stühlingen.

Nach der gestrigen »Marathontour« haben wir heute einen verhältnismäßig kurzen Weg vor uns. Allerdings überqueren wir mit einem Anstieg von rund 400 Höhenmetern den Randen, der gewissermaßen die Brücke zwischen dem Schweizer Jura und der Schwäbischen Alb bildet. Von der Wutach, also vom Westen her, steigt der Randen steil an; nach Osten, nach Schaffhausen hin, fällt er flach ab. Wir müssen uns auf einen kurzen, anstrengenden Aufstieg gefaßt machen, haben dann allerdings einen gemächlichen, genüßlichen Abstieg ins Rheintal vor uns, immer wieder mit dem weiten, freien Blick, der bei klarem Wetter seine Grenze an den Alpen findet. Die verhältnismäßig kurze Etappe erlaubt uns – sofern wir es nicht schon hinter uns haben – einen Rundgang durch Stühlingen; wir gewinnen jedoch vor allem Zeit für Schaffhausen und für den Rheinfall. Jede Stunde, die wir früher dort ankommen, werden wir gut nützen können.
Von Stühlingen aus gehen wir zuerst wieder ein Stück auf der Autostraße an der Wutach entlang, am Bahnhof vorbei zurück bis zur Brücke über die Wutach und zum Grenzübergang in die Schweiz. Wir bleiben noch etwa einen Kilometer auf der Autostraße, die wir etwa 300 Meter nach der letzten Tankstelle verlassen, um von hier aus nach links in den Wald hinaufzusteigen. Ein paar kurze, steile Serpentinen führen uns zum Flüeli, das ist das südliche Ende der Wutach-Flühen, die wir gestern durchquert haben. Bald sehen wir rechts voraus im Tal Schleitheim, in die Talsenke vor dem langen Waldrücken des Randen geduckt. Wir haben an der höchsten Stelle unseres Weges noch einen schönen Blick zurück auf den Hohenlupfen und nach Stühlingen. Der mächtige Schloßturm wird nur von Freileitungsmasten überragt.
Eine knappe Stunde brauchen wir von Stühlingen bis hinunter nach Schleitheim (54). Wir halten in diesem geräumigen, hübschen Ort auf den Kirchturm zu, der mit bunten Ziegeln deko-

rativ gedeckt ist. Wir lassen uns von keinem Wegweiser verwirren, denn wir finden an der Kirchenmauer schließlich die Markierung für unseren Wanderweg.
Zu diesem ersten schweizerischen Ort sind zwei Anmerkungen notwendig. Wenn wir in Schleitheim einkaufen, einkehren oder auch nur nach dem Weg fragen, so werden wir den Eindruck haben, wir hätten vor einer Stunde nicht nur die Wutach überschritten, sondern hätten in einen anderen Erdteil übergesetzt. Wir haben offensichtlich nicht nur eine Staatsgrenze erreicht, sondern auch eine Mentalitätsgrenze: auf der Schweizer Seite der Wutach leben zwar Menschen mit der gleichen Sprache wie jenseits; sie sind dennoch völlig verschieden: In Schleitheim grüßen einen die Kinder auf der Straße und in den Gaststätten und Geschäften fühlt sich der Kunde wie ein König. Man mag sich noch so dumm anstellen und noch so wenig Umsatz machen: der Dank ist herzlich, ja überschwenglich. Wer nach dem Weg fragt, der bewirkt zwar nicht eine Sondersitzung des Gemeindeparlaments, aber zwei, drei Passanten bilden rasch einen Rat der Einheimischen.
Die zweite Anmerkung bezieht sich auf das schweizerische System der Wegmarkierungen, dem wir uns von hier an auch unterwerfen. Wir haben zwar immer wieder die schwarz-rote Raute des Ostweges des Schwarzwaldvereines als Leitstern; gleichzeitig stoßen wir jetzt jedoch auf die Markierungen der Schweizer Wandervereine. Wer in die Schweiz »einwandert«, gleichgültig ob er dies von Deutschland oder vom dem Elsaß aus tut, der muß sich umstellen. Der Vogesenclub wie auch der Schwarzwaldverein nehmen die Wanderer gewissermaßen bei der Hand und führen sie – Ausnahme zugegeben – mit einer nicht abreißenden Kette von Rechtecken, Rhomben und Dreiecken durch die Landschaft. Zumindest auf den Hauptwanderwegen kommt man im Grund ohne Karte aus, wenn man nur auf dem richtigen Weg bleiben will.
Ganz anders sind die Schweizer zum Wanderer eingestellt, deren System eine Markierung gewissermaßen für den mündigen Wanderer ist, der den richtigen Weg mit großer Einfühlung in die Natur und mit ebenso großer Eingebung findet. Wegweiser und Markierungen sind sehr sparsam gesetzt; sie stehen nur an Schlüsselstellen. Im Gegensatz zum Schwarzwald und auch zu den Vogesen ist hier in der Schweiz eine Landkarte im Maßstab von mindestens 1:50000 absolut notwendig, weil man oft

mit der Karte allein die nächste Wegmarkierung findet. Zusätzlich ist ein Kompaß ratsam: im Nebel – und den gibt es auch im Mittelgebirge gar nicht selten – sieht man ja die in großen Entfernungen angebrachten Markierungszeichen nicht. Auf einem vom Schwarzwaldverein markierten Weg kann man sich im dichtesten Nebel von Zeichen zu Zeichen weitertasten; hier in der Schweiz würde man sich ohne Karte und ohne Kompaß rasch verirren. In der Schweiz haben wir als Wegweiser die gelben Pfeile, auf denen jedoch die Ziele nicht nach Kilometern, sondern nach Wanderzeiten aufgeführt sind. Diese Zeiten sind sehr knapp bemessen; man gewinnt immer wieder den Eindruck, daß hier nicht ein beschaulicher Wanderer gestoppt hat, sondern ein Marschierer im Konditionstraining.
Schleitheim, das in der alemannischen Mundart Schlaathe heißt, ist für Wanderer ein beliebter Standort. Hier zu übernachten, kann sich besonders dann empfehlen, wenn man sich den Weg von der Schattenmühle bis nach Stühlingen geteilt hat.
Wir wandern aus Schleitheim hinaus zuerst hinter der Kirchenmauer nach rechts, dann gleich wieder links. Das Sträßchen zieht langsam durch Wiesen und Obstbäume auf die Höhe. Wie es in einem Land mit Wohlstand und guter Infrastruktur üblich ist, sind die Wege in der Nähe von Ortschaften und von Bauernhöfen asphaltiert. Wir erreichen an einer Holzhütte vorbei die Anhöhe, schauen noch einmal zurück auf Stühlingen und auf Schleitheim mit seinem farbigen Kirchturm und sind bald darauf am Strickhof (55), auf den wir direkt zugehen. Am Futtersilo finden wir wieder unsere Markierung.
Wir haben jetzt den letzten nennenswerten Anstieg unserer Wanderung vor uns: fast 400 Höhenmeter geht es zum Hohen Randen hinauf. Zuerst bleiben wir ein paar hundert Meter am Rande des Eichenwaldes. Auf dem freien Feld sollten wir die Abkürzung nach links den Hang hinauf riskieren. Es geht zwar

Lfd. Nr. 54 Ch-8226 Schleitheim

Anschriften	Tel.-Nr.	Zahl der Betten
Hotel »Post«	0041-53/64117	25
Hotel »Hirschen«	0041-53/64131	20

Hinweis: zusätzlich 20 Privatbetten und in der Gemeindekanzlei ein Massenlager mit 70 Plätzen.

7. Tag: Stühlingen (53) – Schlossranden (56) – Schaffhausen (58)

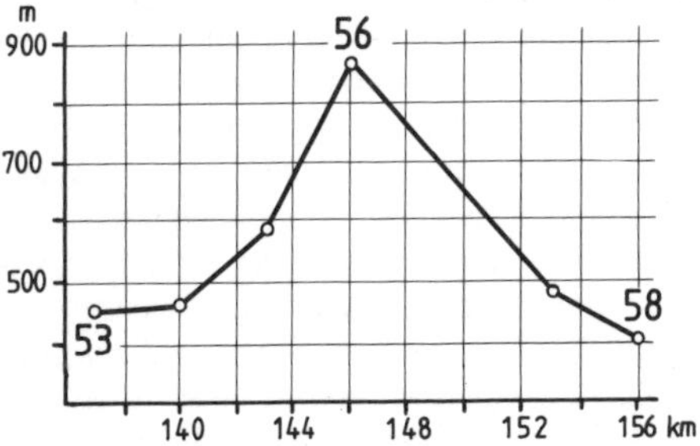

ziemlich steil aufwärts, doch wir kürzen nicht nur ab, sondern vermeiden auch einen oft morastigen Holzabfuhrweg. Wenn die beiden Wege wieder zusammentreffen, steigen wir steil und ziemlich direkt auf den Kamm des Randen hinauf. Je höher wir kommen, desto mehr wird der Mischwald von einem schönen Buchenbestand abgelöst. Wir haben schon fast den Kamm erreicht, dann haben wir zum ersten Mal einen freien Blick nach Nordosten. Tief unten im Tal liegt Beggingen. Bei klarer Sicht schauen wir von links nach rechts weit in die Baar hinein, haben im Hintergrund die Alb und rechts die Ausläufer des Hegau. Wir wechseln die Kammseite und gehen ein kurzes Stück am Steilabhang nach Westen. Gleich darauf erreichen wir den Aussichtsturm am Schloßranden (56), den wir uns bei guter Sicht nicht entgehen lassen sollten. Dieser Turm ist nicht minder eine optische Brücke zwischen Jura und Alb, wie es in geologischer Hinsicht der Randen ist. Der Rundblick vom Jura über den Schwarzwald zum Hegau kann überwältigend sein, wenn das Wetter es erlaubt. Der Randen ist für Weströmungen eine Barriere; an ihm bleiben oft Wolkenschwaden hängen, obwohl er nur wenig über 900 Meter hoch ist. Unterhalb des Turmes ist ein großer Rastplatz mit einer Schutzhütte. Von hier aus kann man bei einem Wettersturz in einer 3/4 Stunde nach Beggingen absteigen, von wo ein Bus nach Schaffhausen fährt. Die Zeitangabe von 2 Stunden 25 Minuten für den Marsch von hier oben nach Schaffhausen ist wiederum als Schweizer Marschtempo zu bewerten.

Geologie mit den Füßen erlebt – das ist der Eindruck unserer Wanderung über den Randen. Von Westen her ist er steil und hoch geschichtet, nach Osten fällt er flach ab. Auf Serpentinen sind wir kurz und steil hochgestiegen, auf sanftem Gefälle gleiten wir gewissermaßen langsam zum Rhein nach Schaffhausen hinunter. Sobald wir den Kamm überschritten und den Rastplatz erreicht haben, fühlen wir uns in einer anderen Welt. Statt auf schmalen, wurzeldurchsetzten Pfaden wandern wir jetzt auf breiten Forststraßen weiter. Wir sind im Einzugsgebiet von Schaffhausen. Der Randen ist hier das Erholungsgebiet einer Industrieregion. Wir kommen an Spiel- und Lagerwiesen, an Schutzhütten und Grillplätzen vorbei, über freies Feld mit weitem Blick nach Süden auf den Jura und auf den Einschnitt des Rheintales, in dem dann Schaffhausen liegt, durch gepflegte Wälder und wohlbestellte Felder. Es geht am Zelgli vorbei, am Gutbuck, am Bräunlingsbuck, über das Chlosterfeld und übers Rändli, auf der Höhe des Hemmentales mit dem gleichnamigen Dorf entlang – und nach gut zwei Stunden sehen wir unter uns die ersten Hochhäuser von Schaffhausen. Vom Randen sind wir dann wieder 400 Meter abgestiegen und kommen bei der Sommerwiese auf die Autostraße, wo wir bereits einen Autobus nach Schaffhausen hinunter nehmen können. Wenn wir den einen Kilometer noch weiter bis zum Ortsteil Neubrunn (57) gehen, stoßen wir auf das Schild, das das Ende – oder den Anfang – des Schwarzwald-Ostweges anzeigt. Auch hier ist wieder eine Bushaltestelle.
Bei unserem Gang durch Schaffhausen (58) wird deutlich, daß diese Wanderung vom Breisgau zum Bodensee nur eine erste und oberflächliche Orientierung bietet. Diese Einschränkung muß erlaubt sein, obwohl der Wanderer soviel mehr von Land und Leuten erlebt und erfährt als der normale Tourist. Eine solche Wanderung ist im Grunde für den, der sie zum ersten Mal geht, eine vorläufige Inaugenscheinnahme. Man wird zu einzelnen Orten, Landschaften und Aussichten wiederkommen wollen. Das könnte in Schaffhausen der Fall sein. Denn in den paar Stunden, die wir uns im Rahmen dieser Wochenwanderung hierfür aufgespart haben, kann man natürlich den berühmten ersten Eindruck gewinnen, viel mehr aber sicher nicht. Die Hinweise, die in einem solchen Wanderführer gegeben werden, können auch nur Anreiz sein, sich gründlicher mit einer Stadt, wie zum Beispiel Schaffhausen, zu beschäftigen. Wer mehr

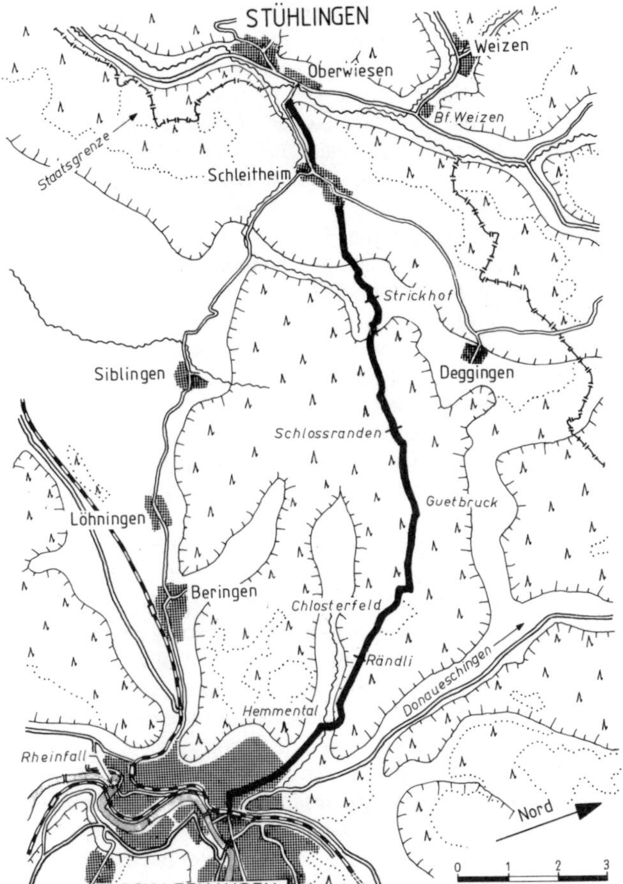

Zeit als eine Woche für diese Wanderung hat, der wird sicher nicht am nächsten Morgen aus Schaffhausen weggehen. Individuelle Varianten dieser Wanderung zu planen, sollte – wie schon gesagt – anhand dieses Führers leicht sein.

Wer zum ersten Mal nach Schaffhausen kommt, der wird zuerst den weltberühmten Rheinfall besichtigen wollen. Der Rhein stürzt hier in voller Breite 25 Meter über Felsen hinab. Bei hohem Wasserstand, wie er im Frühjahr oft anzutreffen ist, bietet er ein atemberaubendes Spektakel, zumal man entweder mit einem Motorboot oder auch zu Fuß an zwei Stellen hautnah an das tosende Wasser herankommt. Der Rheinfall liegt etwa 3,5 Kilometer südlich des Schaffhausener Stadtzentrums in Neuhausen. Man kann am Rhein entlang zu Fuß hingehen, oder aber mit dem Trolleybus in einer Viertelstunde vom Bahnhof aus hinfahren. An dieses grandiose Naturschauspiel reicht die Industrielandschaft dicht heran. In verschiedenen Branchen sind die Namen dieser Unternehmen genauso weltbekannt wie der Rheinfall bei den Millionen Touristen, die jährlich hierher kommen. Diese Fabriken, die bemerkenswert gut der Landschaft angepaßt sind, erinnern an die Grundlage der Geschichte und der Existenz dieser bemerkenswerten Stadt: der Gewerbefleiß der Bürger hat Reichtum geschaffen; die reichen Bürger haben jedoch nicht die Wurzeln ihrer Geschichte und ihrer Tradition vergessen, sondern sie erhalten und gepflegt. Das hat seit vielen Jahrhunderten so gegolten. Die große Altstadt ist das eindringliche Zeugnis.
Ein erster Rundgang macht das griffige Wort der Fremdenverkehrswerbung verständlich: Schaffhausen ist tatsächlich eine »Erkerstadt«. Die Erker an den alten Bürgerhäusern aus dem 16. bis 18. Jahrhundert spiegeln die Geschichte ihrer Bewohner und der Bürger dieser Stadt. Sie sind fast alle hervorragend restauriert und heute wahrscheinlich schöner, als ihre Erbauer sie je gesehen hatten. Wer Geschichte fotografieren will, der sollte sich für Schaffhausen Zeit nehmen.
Schaffhausen war schon um die Jahrtausendwende ein Marktflecken, erhielt 1045 das Stadtrecht und wurde 1080 dem einige Jahrzehnte früher gegründeten Benediktinerkloster Allerheiligen geschenkt. 1190 wurde Schaffhausen reichsunmittelbar, dann aber 1330 an die Habsburger verpfändet. 1415 kauften die Bürger den Stand einer freien Reichsstadt zurück, schlossen sich jedoch von 1452 an in drei Etappen der Eidgenossenschaft an, deren Mitglied sie 1501 wurden.
Das Symbol der städtischen Macht ist die Festung Munot, die sich über der Schifflände am Rhein erhebt. Munot klingt französisch; das Wort leitet sich jedoch aus dem altdeutschen »unot«

her, »ohne Not« – kein schlechter Name für eine Festung. Der Munot, im 16. Jahrhundert erbaut, soll die einzige Rundbefestigung sein, die nach der Festunglehre von Albrecht Dürer oder gar nach seinen Plänen errichtet worden ist. Auf einem Schnekkenreitweg können wir auf den Rundplatz der Zitadelle steigen. Vom mächtigen Wachturm über den tiefen Kasematten läutet noch die Glocke von 1589.

Nicht weniger eindrucksvoll ist das romanische Münster aus dem 11. Jahrhundert und das Kloster Allerheiligen, das heute zum Teil ein berühmtes Museum beherbergt. Vor dem Münster steht übrigens eine Glocke aus dem Jahr 1486; es ist die berühmte Schillerglocke, weil sie den Dichter zu seinem »Lied von der Glocke« angeregt haben soll. An ihrem oberen Rand lesen wir das lateinische Motto, das Schiller der Ballade vorangestellt hat; es heißt auf deutsch: Ich rufe die Lebenden, ich beklage die Toten, ich breche die Blitze.

Die Schaffhauser Altstadt ist heute weitgehend Fußgängerzone; wir Wanderer fühlen uns hier wohl gelitten.

Lfd. Nr. 58 Ch-8200 Schaffhausen

Anschriften	Tel.-Nr.	Zahl der Betten
Reise- und Verkehrsbüro AG,		
Vorstadt 12	0041-53/55141	
Hotel »Adler«	0041-53/54310	40
Hotel »Bahnhof«	0041-53/54001	80
Hotel »Bären«	0041-53/51323	20
Hotel »Fischerzunft«	0041-53/53281	14
Hotel »Kronenhof«	0041-53/56631	50
Hotel »Schiff«	0041-53/52681	30
Hotel »Steinbock	0041-53/54260	21
Hotel »Tanne«	0041-53/54179	20
Hotel »Touring«	0041-53/41222	30

Hinweis: Da Schaffhausen in der Saison von vielen internatiolen Reiseveranstaltern mit Bussen angefahren wird, ist rechtzeitige Reservierung empfehlenswert.

8. Tag

Schaffhausen – Stein am Rhein

Weglänge: 20 km
Gehzeit: 5 1/2 Stunden
Wanderkarte: L 8318 – Singen (Hohentwiel)

Unsere heutige Etappe ist zum großen Teil eine »Genußtour«. Mehr als die Hälfte des Weges führt direkt am Rhein entlang; es ist ein Uferpfad, wie ihn sich der Wanderer nicht schöner vorstellen kann und wie er ihn kaum irgendwo sonst trifft. An sonnigen Tagen, also auch im Hochsommer, bleiben wir viel im Schatten; wir können die Mittagszeit zum Wandern benützen und gewinnen dadurch unter Umständen am Vormittag in Schaffhausen noch einige Stunden für Besichtigungen. Der fast immer gepflegte und ebene Weg erlaubt ein bequemes Tempo, das uns auch rechtzeitig nach Stein am Rhein bringt, das als Sehenswürdigkeit mit Schaffhausen wetteifert, wenngleich die Altstadt auf viel engerem Raum rasch zu durchstreifen ist.
In Schaffhausen gehen wir durch die Altstadt zum Rhein in Richtung Schifflände. Dort überqueren wir auf der Straßenbrücke den Rhein und halten uns drüben in Feuerthalen (59) nach links flußaufwärts möglichst nahe am Ufer. Nach der Brücke finden wir die erste Markierungstafel, die uns den Weg über Paradis, Diessenhofen nach Stein am Rhein zeigt und eine Wanderzeit von 5 Stunden nennt: eine stramme Schweizer Wanderzeit. Wir folgen zuerst der Züricher Straße, die wir nach 200 Metern verlassen, um auf der Konstanzer Straße unter der Eisenbahn auf den Bahnhof Feuerthalen zuzugehen. Nach etwa einem Kilometer stoßen wir erneut auf die Autostraße, auf der wir etwa 500 Meter bleiben, sie jedoch dann bei dem Schild »Strandbad-Campingplatz« nach links wieder verlassen. Hier hat der Asphalt vorerst ein Ende. Auf einem schmalen Weg geht es wohl abgezäunt am Campingplatz entlang, dann zwischen den engstehenden Gartenzäunen der Wohnhäuser hindurch. Wir haben jedoch fast stets den Rhein in Sichtweite – und immer wieder einen faszinierenden Blick zurück auf Schaffhausen und auf den beherrschenden Munot.

Nach einem Schlenker durch Langenwiesen verläuft der Wanderweg direkt auf dem Uferkai, stellenweise im Schatten der tief herunterhängenden jungen Buchen. Nach einem weiteren Kilometer erreichen wir das Paradis (60), auch Paradies geschrieben, ein einst berühmtes Klarissinnenkloster, das mit den Wirtschaftsgebäuden, darunter eine Gastwirtschaft, seinen Namen in dieser idyllischen Landschaft zu Recht trägt. Das Kloster war immer eng mit Schaffhausen verbunden. Nach seiner Aufhebung im 19. Jahrhundert hat die Georg Fischer AG, ein in der Technikgeschichte und in der Gegenwart weltberühmtes Eisen- und Stahlwerk aus Schaffhausen, das Kloster übernommen und hier sein Ausbildungszentrum eingerichtet; die »Eisenbibliothek« vom Paradis ist weitbekannt.
Unser Weg führt um das der Öffentlichkeit nicht mehr zugängliche Klostergebäude herum. Wir können jedoch auch quer durch den Park gehen und stoßen am gegenüberliegenden Tor wieder auf den Wanderpfad, dem wir direkt an der Klostermauer entlang in Richtung Rhein folgen. Wir kommen zuerst zu dem Naturschutzgebiet Petri, ein Paradies seiner Art für Wasservögel. Ob man das auch für die in den Käfigen gehaltenen einheimischen und exotischen Vögel sagen kann, die wir in der Vogelstation am Wegrand sehen, mag offenbleiben. Wer im Frühjahr hier durchkommt, der fragt sich, ob er das Singen und das Geschnatter der Vögel und der Enten in der freien Natur nicht schöner finden soll, als das Gegacker exotischer Hühner in ihren Verließen.
Wir umgehen das Naturschutzgebiet und sind gleich darauf wieder direkt am Rheinufer. Der folgende Badeplatz ist eine der wenigen Möglichkeiten auf unserem Weg, direkt im Rhein zu baden. Der Fußweg ist vorbildlich angelegt.
Er bleibt, sofern es die Besitzverhältnisse erlauben, immer direkt am Ufer. Die Wochenendhäuser werden auf engstem Raum umgangen. Die Markierung nach Schweizer Art ist spärlich; man geht jedoch nicht in die Irre, wenn man sich möglichst nahe am Rhein hält.
Wenn wir auf dem gegenüberliegenden Ufer den Ort Büsingen mit den stark befahrenen Straßen, den landwirtschaftlichen Nutzflächen an den vom Rhein weg strebenden Abhängen sehen, dann genießen wir es umso mehr, im Schaaren-Wald zu wandern. Büsingen ist eine deutsche Enklave, völlig von Schweizer Gebiet umschlossen. Nach 1945 wurde der Ort we-

8. Tag: Schaffhausen (58) – Diessenhofen (62) – Stein am Rhein (66)

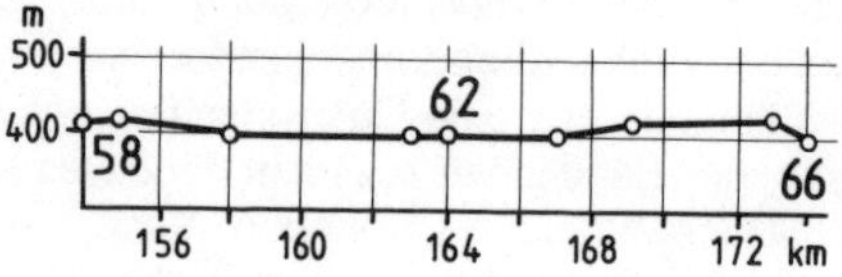

nigstens Zollausschlußgebiet. Wir gehen in einem lichten Wald mit vielen alten Eichen und Buchen, bleiben aber gleichzeitig am Ufer des Rheins. Wir riechen Wald, wir riechen Wasser – das ist einzigartig. Das Ufer auf dieser Seite des Flusses ist befestigt. Nur so kann es vor dem schnellfließenden Wasser, aber auch vor der zunehmenden Wellenbewegung, die durch Motorboote verursacht wird, geschützt werden. Alle paar hundert Meter steht eine rote Holzbank, die zum beschaulichen Ausruhen einlädt.

Wenn wir aus dem Schaaren-Wald herauskommen, sehen wir schon das ehemalige Kloster St. Katharinental (61) vor uns. Das Kloster ist im 13. Jahrhundert von Dominikanerinnen gegründet worden, die aus dem damals schon zu lauten Diessenhofen an diesen ruhigen Ort gezogen sind, um hier ein beschauliches Leben zu pflegen. Niemand geringerer als Albertus Magnus, der große mittelalterliche Gelehrte, weihte 1260 die erste Kirche von St. Katharinental. Die Nonnen haben sich hier offenbar wohlgefühlt; das Kloster wurde zu einem Zentrum mittelalterlicher Mystik und Kunst. Die hier verfertigten und angeregten Malereien und Schnitzereien sind berühmt, heute aber in Museen in aller Welt zerstreut. Von der einstigen gotischen Mystik finden wir in der herrschaftlichen barocken Anlage nur noch wenig. Der Bau aus dem Anfang des 18. Jahrhunderts zeugt jedoch von der über die Jahrhunderte wirkende Kraft der Dominikanerinnen. Die von dem Vorarlberger Franz Beer entworfene Kirche ist eines der schönsten schweizerischen Baudenkmäler. St. Katharinental wird heute als kantonales Alten- und Pflegeheim genützt. Wer hier an einem schönen Tag durchkommt und die vie-

len alten Leute unter den noch viel älteren Bäumen sitzen sieht, wer in die oft schon toten Augen der Kranken in ihren Rollstühlen schaut, der weiß es zu schätzen, auf zwei Beinen weiterzuwandern und mit seinen Augen die so lebendige Landschaft zu sehen.
Wir können hier entweder durch das kleine Törchen zum Rheinufer zurückgehen, um dort entlang weiterzuwandern; wir können aber auch auf der Straße hinter der Kirche um die Klosteranlage herum wieder zum Rhein zurückkehren.
Bald sehen wir den Kirchturm von Diessenhofen vor uns und die gedeckte Holzbrücke über den Rhein, die jeder kennt, der einmal von Schaffhausen nach Stein am Rhein oder umgekehrt mit dem Schiff gefahren ist. Hier werden die Fahrgäste an Oberdeck vor der Brücke aufgefordert, den Kopf einzuziehen. Das ist kein Scherz; bei Hochwasser auf dem Rhein muß dieser Brücke wegen die Schiffahrt eingestellt werden. Am Geislibach kommen wir zum Hafen von Diessenhofen (62), das auf einem Hügel über dem Ufer liegt. So schön es hier unten ist, so gut man frischen Rheinfisch essen und den herben Weißwein der Gegend trinken kann, man sollte unbedingt die Treppe zum Oberhof und damit in die Stadt hinaufsteigen. Dieses Diessenhofen ist eine der ältesten Stadtgründungen der Schweiz, und zwar aus dem Jahre 1178. Die Siedlung, eine Gründung des Klosters St. Gallen, wurde jedoch bereits 757 erwähnt. Diessenhofen stieß 1460 zur Eidgenossenschaft und landete schließlich beim Kanton Thurgau, nachdem vergeblich versucht worden war, sich Zürich oder Schaffhausen anzuschließen. Die Vorgängerin der heutigen Brücke ist übrigens 1799 zerstört worden, als sich hier Franzosen und Russen kriegerisch gegenüber gestanden haben. Den Spuren der bewegten Geschichte des Ortes ist an vielen Gebäuden nachzuspüren.
Wieder unten am Rhein verlassen wir den Ort durch den letzten Burgturm und kommen dann gleich mitten durch das Strandbad, das für Schwimmer und Nichtschwimmer in den Fluß hineingebaut ist. Auch ohne Markierung können wir den Weg nicht verpassen: wir bleiben möglichst nahe am Rhein. Schon am frühen Nachmittag geben auch bei hochstehender Sonne das Gebüsch und die Bäume kühlen Schatten. Wenn wir plötzlich Eisenträger sehen, die in den Flußgrund gerammt sind, so sind das keine Anlegemasten für Freizeitkapitäne, sondern Rammböcke; sie gehören zur Uferverteidigung, sie sind Bestandteil der »See-

kriegsführung« am Oberrhein. Hinter diesen Pfählen sind am Ufer Bunker eingegraben. Wer hier von der Wasserseite her die Schweiz angreifen wollte, der müßte in der raschen Strömung des Rheins schon aufpassen, nicht aufgespießt zu werden, bevor er sein Ziel erreicht hat.
Eine Dreiviertelstunde nach Diessenhofen kommen wir zum Schupfen (63), wo sich in einem schönen Fachwerkhaus ein Restaurant befindet. Hier endet die Rheinuferbestigung. Wir gehen von hieraus nicht mehr direkt am Wasser, jedoch bleibt der Weg weiterhin so nahe wie möglich am Rhein. Im Waldstück auf der gegenüberliegenden Flußseite nisten Fischreiher. Früher war hier eine berühmte Vogelkolonie; heute sind nur noch einzelne Nistplätze auszumachen. Im Gewand Cheer kommen wir an die Autostraße, der wir ein paar hundert Meter folgen. Wir durchqueren den nächsten Parkplatz und folgen dem Weg links am Zaun entlang zum Rhein hinab; wir sehen voraus an einem Zaun den gelben Rhombus als unser Wanderzeichen. Hier haben wir wieder einmal ein typisches Beispiel der Schweizer Markierung. Bei klarer Sicht gibt es keine Probleme; bei Nebel jedoch muß man anhand der Karte genau wissen, wo man abzweigt. Sobald wir wieder am Rhein sind, sehen wir rechts vor uns am Ende des Waldrückens die Burg Hohenklingen, die oberhalb von Stein am Rhein liegt. Unser Tagesziel ist also fast schon in Sicht. Wir durchqueren den Ort Rheinklingen (64) auf dem kürzesten Weg und wandern dann an dem Tennisplatz vorbei weiter. Der kleine Stichweg an dieser Stelle führt direkt zu einem kleinen Badeplatz am Rheinufer, der zur Rast einlädt. Nach dem Tennisplatz gehen wir auf einen der wenigen kleinen Anstiege der heutigen Etappe zu. Wir passieren ein Waldstück, kommen durch eine Gärtnerei und erreichen durch zwei Bahnunterführungen – eine alte und eine moderne architektonische Lösung in reizvollem Gegensatz – die Autostraße.
Nach der Idylle des Uferweges sind wir jetzt in der Zivilisation, die für eine Weile ihren Preis verlangt. Wir bleiben auf der Rückseite von Wochenendhäusern, umgehen einen Teil des Campingplatzes, durch den wir dann bei dem Restaurant wieder zum Rhein hinunterkommen. Hier haben wir auf einen Kilometer Länge einen hübschen Uferweg. Die mittelalterliche Silhouette von Stein am Rhein rückt immer näher. Wir kommen an dem vom Ufer fast unscheinbar aussehenden Turm der Propstei Wagenhausen (65) vorbei, zu der wir unbedingt hinaufsteigen soll-

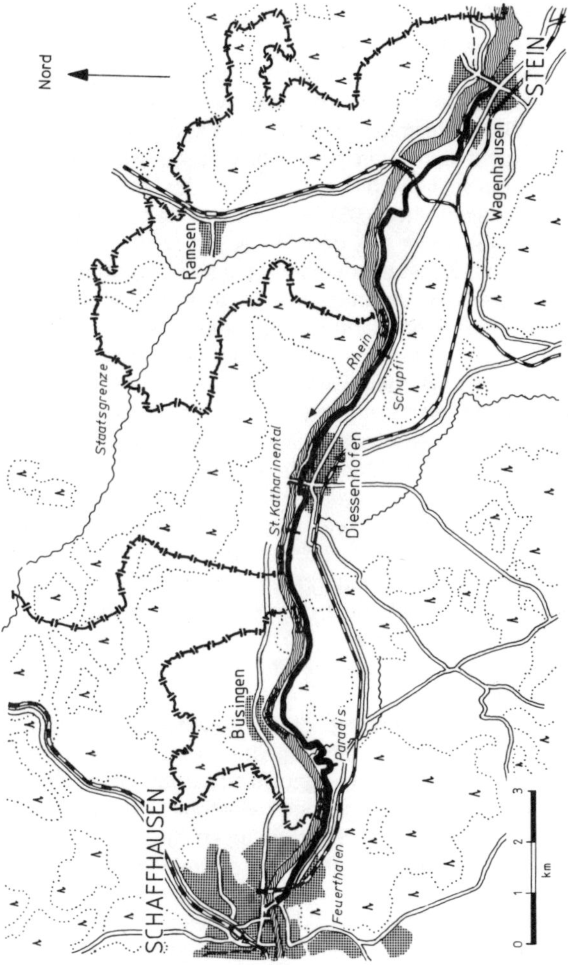
Nord
STEIN
Wagenhausen
Ramsen
Staatsgrenze
Rhein
Schupfi
St. Katharinental
Diessenhofen
Büsingen
Paradis
SCHAFFHAUSEN
Feuerthalen
0
1
2
3
km

ten. Die Propstei ist 1083 als Benediktinerkloster gegründet worden. Es blieb immer eine bescheidene Mönchssiedlung und kam im 15. Jahrhundert zum Schaffhausener Kloster Allerheiligen. Die Klosterkirche aus dem 11. Jahrhundert ist eine romanische Basilika mit drei Schiffen, die gut renoviert ist. Im Turm hängt die älteste Glocke der Schweiz.
Wir nähern uns Stein am Rhein, wie es ein Wanderer vor 1000 oder 500 Jahren getan haben mag. Man nähert sich langsam seinem Ziel, sieht immer deutlicher die Mauern, die Türme, die Häuser; geht durch ein paar alte Gassen der Vorstadt und kommt dann schließlich über die Brücke ans Ziel.
Dieses Stein am Rhein (66) – es liegt am Rhein, weil der Fluß an dieser Stelle wieder aus dem Bodensee ausfließt, den er von Bregenz über Konstanz durchquert hat – verdankt seinen heutigen Ruf weniger der glanzvollen Geschichte und vergangener oder gegenwärtiger Macht, sondern der Tatsache, daß dieses kleine Gemeinwesen das Glück hatte, nicht abzubrennen und nicht erobert zu werden. Das aus dem frühen Mittelalter stammende Kloster St. Georg hat es nie zu besonderer Blüte gebracht. Aber es ist erhalten geblieben und bildet allein schon deshalb ein hervorragendes historisches Denkmal. Man sollte unbedingt einen Blick in das kleine Museum der ehemaligen Abtei hineinwerfen. Sehenswert ist das spätgotische Refektorium mit der berühmten Holzdecke, den Schnitzereien und guterhaltenen Handmalereien. Fotografen sind immer wieder von dem gotischen Törchen entzückt, das aus dem Klosterhof zum Rhein hinführt. Beeindruckend ist die Strenge der romanischen St. Georgskirche ebenso wie die Phantasie der Wasserspeier an ihrem Kirchturm.
In der Kirche schildern zwei große, gegenüberliegende Wandgemälde von 1437 die Stiftung des Klosters Hohentwiel bei Singen im naheliegenden Hegau durch die von Victor von Scheffel im »Ekkehard« beschriebene Herzogin Hadwig sowie die Stiftung des dann nach Stein verlegten Klosters durch König Heinrich und seine Frau Kunigunde, die im Bamberger Dom begraben sind.
Eine nicht minder große Attraktion im heutigen Stein am Rhein – die Einheimischen sprechen von »Staa am Rhii« – ist die Hauptstraße mit den gut erhaltenen Bürgerhäusern aus dem 16., 17. und 18. Jahrhundert. Die phantasievollen Malereien und das kunstvolle Fachwerk sind täglich das Ziel unzähliger Fotografen.

Auch wenn die Gemälde zum Teil neueren Datums sind, sie lassen den Geist der Renaissance spüren, wie er am schönsten am Haus zum Roten Ochsen sichtbar wird. Das Bild am Rathaus erzählt die Geschichte des Bäckers, der 1478 Stein vor einem Überfall der österreichisch gesinnten Hegauer vereitelte. Er war schon früh auf und hörte zwei der Angreifer auf einem Kahn im Rhein miteinander reden. Ob es gleich losgehe, hatte der eine den anderen gefragt und bekam das in Stein heute geflügelte Wort »No e Wili« zur Antwort. Der Bäcker nutzte die kleine Weile bis zum Angriff und rief seine Mitbürger zu den Waffen.
Auch wir Wanderer sollten in diesem Städtchen keine Eile haben, sondern uns »e Wili« Zeit lassen; vorausgesetzt, wir werden nicht von den Heerscharen der Touristen, die besonders an Feiertagen die Straßen und Gassen verstopfen, ins Freie getrieben.
Oberhalb der Stadt liegt die Burg Hohenklingen, die schon im 15. Jahrhundert in den Besitz der Stadt übergegangen war. Vorher hatten die Vögte der Zähringer, mächtige Herren dieser Landschaft, dann die Herren von Klingen, hier residiert. Der Weg auf die Burg durch die Felder und Weinberge ist ziemlich mühsam und lohnt sich eigentlich nur für den Liebhaber von Burgen. Man erfährt unter Umständen mehr von Land und Leuten, wenn man durch die Winkel der Stadt wandert und am Rheinufer das Herabsinken der Abenddämmerung erlebt.

Lfd. Nr. 66 Ch-8260 Stein a. Rh.

Anschriften	Tel.-Nr.	Zahl der Betten
Verkehrsbüro, Rathausplatz	0041-54/89421	
Hotel »Adler« mit Motel »Rosenberg«	0041-54/86858	44
Hotel »Chäferstei«	0041-54/86971	8
Hotel »Fortuna«	0041-54/86087	15
Hotel »Grenzstein« (2 km ab Ortsmitte)	0041-54/86379	80
Hotel »Rheingerbe«	0041-54/86991	16
Hotel »Rheinfels«	0041-54/86144	15
Hotel »Schwanen«	0041-54/86207	10
Jugendherberge	0041-54/85255	

Hinweis: Auch Stein a. Rh. ist oft überfüllt, so daß rechtzeitige Anmeldung zu empfehlen ist.

9. Tag

Stein am Rhein – Radolfzell

Weglänge: 25 km
Gehzeit: 6 Stunden
Variante über Bankholzen:
Weglänge: 18 km
Gehzeit: 5 Stunden
Wanderkarte: L 8318 – Singen (Hohentwiel)

In Stein am Rhein fließt der Rhein aus dem Bodensee hinaus; das heißt aber auch, daß für uns hier der Bodensee beginnt. Unsere Wanderung vom Breisgau zum Bodensee könnte also hier enden. Es ist jedoch durchaus reizvoll, noch einen genaueren Blick auf diesen Bodensee zu werfen, dessen Beginn und Ende man hier habhaft geworden ist. Wer unsere Tour in einer Woche bewältigen will, der wird von Stein am Rhein in der Regel versuchen, wieder Anschluß an den Fernverkehr zu gewinnen. Der nächste Knotenpunkt von hier aus ist Radolfzell, das am Untersee, einem anderen Endstück des Bodensees gelegen ist. Von Stein am Rhein kann man dorthin mit dem Bus, in der Sommersaison aber auch mit dem Schiff gelangen. Für den Wanderer liegt jedoch näher, auch dieses letzte Stück des Weges zu Fuß zu gehen. Der Weg führt durch einen der schönsten Landstriche im Bodenseegebiet. Die große Halbinsel im Westteil des Bodensees, die vom bewaldeten Höhenzug des Schienerberges beherrscht wird, heißt Höri. Die Einwohner sind überzeugt, daß der Name aus der Bibel abgeleitet werden müßte: als Gott der Herr am 6. Tag die Erde schuf, kam er hier zum Ende und sagte: hier höri; das ist alemannische Landessprache und heißt auf Hochdeutsch: »Hier hör' ich auf«, schöner kann es nicht mehr werden.
Als Fußweg von Stein am Rhein nach Radolfzell bietet sich der Bodensee-Rundwanderweg an. Dieser Weg ist in diesem Bereich jedoch der fast krampfhafte Versuch, in Ufernähe am Bodensee entlangzugehen. Die Geographie und die Besiedlung – – die öffentliche wie die private – verhindern jedoch auf dem größten Teil dieses Wegabschnittes bis Radolfzell, daß man

wirklich am Ufer entlangwandern kann. Allzuoft wird man hinter Wegzäune, hinter Campingplätze und Wochenendhäuser sowie auf Umgehungswege verbannt. Nach dem schönen Uferweg von Schaffhausen nach Stein am Rhein könnte man von diesem Bodensee-Uferweg leicht enttäuscht sein. Deshalb werden für die heutige Etappe zwei Alternativen vorgeschlagen: einen direkten Weg durch den Wald des Schienerberges. Bei dem Anstieg über den breiten Hang öffnet sich der Blick immer weiter auf den Untersee mit der Insel Reichenau und dahinter auf Konstanz. Wenn wir den Hang überschritten haben, liegt der Zeller See mit Radolfzell unter uns, bei klarer Sicht schauen wir nach Westen weit zurück über den Hegau auf den Schwarzwald.
Eine Variante – sie ist auf unserem Wanderplan gestrichelt eingezeichnet – führt von der Höhe des Schienerberges hinunter über Horn zum Ufer des Sees und dann nach Iznang, von wo ein Schiff uns nach Radolfzell bringt.
Von Stein am Rhein aus folgen wir zuerst auf der Autostraße in Richtung Radolfzell, zweigen nach ein paar hundert Meter links auf einen Fußweg, der mit dem Symbol des Bodensee-Rundwanderweges markiert ist, einem Pfeil, der um einen blauen Punkt herumläuft. Gleich darauf sehen wir von einer kleinen Anhöhe schon den Kirchturm von Öhningen vor uns und ganz nahe die Grenzstation (67), zu der wir ungeachtet anderer Wegweisung direkt hinuntergehen, denn wir müssen hier die Grenze überschreiten.
Wir gehen entlang der Hauptverkehrsstraße nach Öhningen (68) hinein und verlassen diese nach links, um auf der Straße »Am Stalden« in den alten Ortsteil hinaufzuwandern. Dort kommen wir an der aus den ersten Jahrzehnten der 17. Jahrhunderts stammenden Barockkirche vorbei, die zum ehemaligen Chorherrenstift der Augustiner gehört, das von 969 bis 1803 bestanden hat. In der Welt der Naturgeschichte hat Öhningen einen besonders guten Klang: In den heute zerfallenen Steinbrüchen in den Öhninger Mergeln sind einmalige Versteinerungen aus dem Tertiär gefunden worden; sie waren übrigens schon im 17. Jahrhundert bekannt.
Der Ort wird wie die anderen Gemeinden auf der Höri viel von Fremden besucht. Es gibt hier zahlreiche Privatbetten und zwei Gasthäuser, nämlich Adler (40 Betten), Tel.: 0 77 35-7 24 und Auer (20 Betten), Tel.: 0 77 35-7 03.
Wir gehen direkt nach Osten durch Öhningen, überqueren die

9. Tag: Stein am Rhein (66) – Öhningen (68) – Langenmoos (71) – Horn (74) – Radolfzell (78)

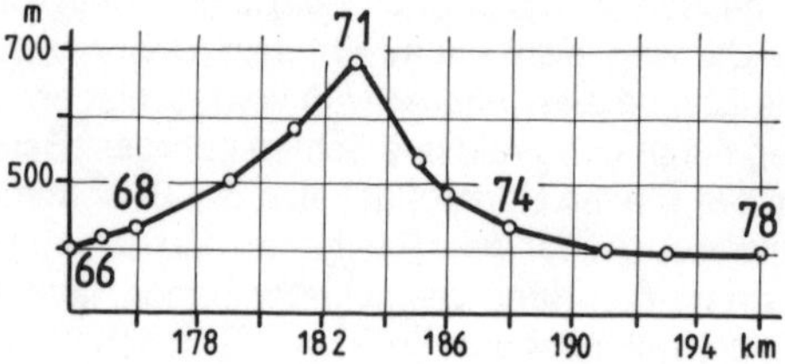

Landstraße nach Schienen und finden auf der gegenüberliegenden Seite dann eine neue Markierung, die gelb-blaue Raute. Sie läuft bis Langenmoos zusammen mit dem Bodensee-Rundweg, führt dann aber direkt nach Radolfzell; sie wird also für heute unsere Hauptmarkierung sein. Leicht steigend wandern wir durch Wiesen zwischen Ostbäumen und lichtem Wald weiter. Nach etwa einem Kilometer kommen wir auf freies Feld. Zuerst haben wir noch einmal einen schönen Blick zurück auf Öhningen und auf Stein am Rhein, bald jedoch von der Kuppe der ersten Anhöhe den Blick voraus auf den breiter werdenden Untersee. Am gegenüberliegenden Schweizer Ufer sehen wir die Gemeinde Steckborn mit ihrem spitzen Kirchturm als Wahrzeichen.
Oberhalb des Ortes Wangen biegen wir nach Norden in den Wald hinauf ab. In dieser malerischen hinteren Höri sind die großen Einzelhöfe, wie der Aspenhof (69) und Ober-Salen (70), charakteristisch; einige sind landwirtschaftliche Mustergüter. Wir steigen durch das Waldgebiet Hohes Holz hinauf bis zum Hofgut Langenmoos (71), wo wir den höchsten Punkt der heutigen Etappe erreichen. Kurz nach dem Hof müssen wir uns entscheiden, ob wir über Bankholzen nach Moos wandern (gelb-blaue Raute über die Steinhalde) oder ob wir über die Höri-Spitze bei Horn gehen wollen.
Wenn wir uns für die zweite Variante entscheiden, wird unsere Route zwar weiter; wir werden jedoch durch eine prachtvolle Aussicht und durch einen – allerdings oft geteerten – Weg in einer lieblichen Landschaft belohnt. Voraussetzung für diese Genußstrecke ist jedoch gutes Wetter. Bei Honisheim (72) stehen

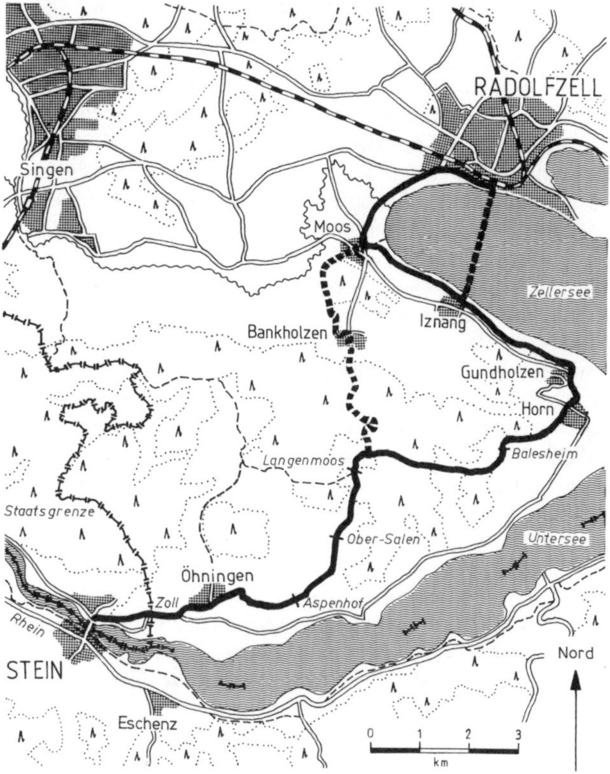

wir auf einer der bekanntesten Aussichtswarten am Untersee, viel fotografiert und gemalt. Wir haben die volle Ansicht der Insel Reichenau; bei gutem Wetter taucht am Horizont im Osten die Kirchturmspitze des Konstanzer Münsters auf. Wir sehen, wie zwischen der Reichenau und dem Schweizer Ufer der See wieder sehr schmal wird; die Verbindung zwischen dem sogenannten Obersee und dem Untersee bildet ja der Rhein, der den Bodensee in seiner ganzen Länge von Bregenz bis Stein am

Rhein durchfließt. Zur linken, nach Norden, schauen wir über die Spitze der Halbinsel Mettnau, bekannt als Naturschutzgebiet und Vogelparadies, auf den weitgezogenen Wald des Bodanrück. Der behäbige Kirchturm direkt vor uns gehört zu Horn. Wir halten geradewegs darauf zu.

Hinter Honisheim führt der Bodensee-Rundweg nach Gaienhofen hinunter. Wir möchten jedoch wegen des wenig erfreulichen Teilstückes des Bodensee-Rundweges von Gaienhofen nach Horn zum direkten Weg nach Horn raten, obwohl Gaienhofen ein hübscher Ort ist, zu dem sich schon früh Dichter und Maler hingezogen fühlten. Zu nennen ist hier zuerst Ludwig Finckh, der Anfang des Jahrhunderts mit seinem »Rosendoktor« berühmt geworden war. Er blieb dieser Landschaft bis zu seinem Tod verhaftet und hat viel zu ihrem Ruhm, aber auch zu ihrem Schutz beigetragen. Berühmtere Gaienhofer waren zeitweilig Hermann Hesse, ferner die Maler Dix und Heckel. Eine berühmte Internatsschule trägt den Namen des Ortes über die Grenzen hinaus.

Von Honisheim wandern wir im Wald abwärts auf dem Fahrsträßchen, auf dem wir bleiben, auch wenn der Bodensee-Rundweg kurz vor dem Waldrand nach rechts abgeht. Beim Wegkreuz östlich des Weilers Balesheim (73) biegen wir nach Osten ab und erreichen Horn (74), wo wir wieder auf den Bodensee-Rundweg treffen.

Unser Uferweg trägt nur für ein kurzes Stück seinen Namen zu Recht. Bis auf die Höhe des Ortes Gundholzen (75) führt er malerisch durch Streuwiesen und zwischen einzel stehenden, hochragenden Pappeln hindurch. Nach Westen taucht der spitze Kirchturm von Radolfzell auf, dahinter sehen wir die Vulkankegel der Hegauberge, insbesondere den mächtigen Hohentwiel. Zwischen Gundholzen und Iznang wird der Uferstreifen von privaten Wochenendhäusern eingenommen. Wir wandern auf einer breiten Straße an der Rückfront durch und kommen direkt nach Iznang (76) hinein, wo wir entweder dem Bodensee-Rundweg über Moos weiter folgen, oder aber mit einem Schiff nach Radolfzell übersetzen können.

In Moos (78) stoßen wir auch wieder an den Bodensee, wenn wir von Langenmoos den direkten Weg über den Schienerberg nach Bankholzen hinunter gewählt haben. Von Moos führt der Fußweg neben der vielbefahrenen Autostraße durch das ausgedehnte Ried. Wir überqueren in dessen Mitte die Aach, die aus dem Hegau und durch Singen herfließt. An diesem Flüßchen

ist besonders bemerkenswert, daß es einen großen Teil Donauwasser führt, das bei Immendingen und Fridingen versickert, um dann im Aachtopf, der größten Quelle Deutschlands wieder hervorzusprudeln.
Radolfzell (79) ist im Jahre 826 von dem Veroneser Bischof Radold oder Radolf gegründet worden, der sich hier in der Nähe des Klosters Reichenau in die Beschaulichkeit zurückzog. Aus seiner Zelle – der Cella Radoldi – entstand schließlich der Marktflecken, dem dann im 13. Jahrhundert die Stadt Radolfzell folgte. Der Sprung in die große Geschichte ist diesem Gemeinwesen nicht gelungen; es lag zu sehr im Schatten sowohl von Konstanz, einer der größten Städte im späten Mittelalter, als auch von Schaffhausen. Bedeutenstes historisches Zeugnis ist das Münster aus dem 15. Jahrhundert. Es ist aus weichem grauem Bodensee-Sandstein gebaut, dem die Abgase unserer Zeit schlimm mitspielen. Was Jahrhunderte gehalten hat, scheint heute im Zeitraffer zu verfallen.
An die Zeit unter vorderösterreichischer Herrschaft erinnert das sogenannte österreichische Schlößchen neben der Kirche. Über das 18. Jahrhundert hinaus reichen nur wenige Gebäude, darunter das alte Ritterschaftshaus. Verheerende Brände und eine »fortschrittliche Baugesinnung« der Bürger tilgten auch hier viele Spuren der Vergangenheit. Wie in vielen anderen Kleinstädten ist auch in Radolfzell historische Substanz immer wieder dem Fortschritt – was immer man auch darunter verstehen mag – geopfert worden. Bei einem Rundgang von der Schiffländе und vom Bahnhof aus wird man angesichts der Überreste ahnen, was hier noch stehen könnte. Die Uferfront, der Stolz vieler Seegemeinden, ist dem Bahndamm gewichen. Als vor 100 Jahren die Schwarzwaldbahn von Offenburg nach Konstanz gebaut worden ist, wollte man offensichtlich den Reisenden den Bodensee am ersten Zipfel vorzeigen: man legte die Bahngleise zwischen See und Stadt.
Wer am Schluß unserer Wanderung vom Breisgau zum Bodensee noch Zeit hat, der sollte von Radolfzell aus einen Spaziergang auf die Halbinsel Mettnau machen. An der unzugänglichen Spitze gegenüber der Insel Reichenau liegt ein berühmtes Vogelschutzgebiet. An seiner Grenze ist die nicht minder bekannte Mettnau-Kur angesiedelt, eine Bewegungstherapie, die jedes Jahr vielen zivilisationsgeschädigten Menschen Heilung bringt. Im Kurzentrum steht das Scheffel-Schlößchen, das an den Dich-

ter Victor von Scheffel erinnert, der hier einige Zeit gelebt hatte und dem wir schon auf unserer Tour in Achdorf begegnet sind.
Wer dem ausgedehnten Wochenfahrplan unserer Wanderung gefolgt ist, der findet am späten Nachmittag in Radolfzell eine Bahnverbindung noch nach allen Richtungen, auch über den Schwarzwald bis nach Offenburg, wo dann Anschluß an das Intercity-Netz der Bundesbahn in der Nord-Süd-Schiene besteht.
Von Radolfzell aus kann man auch über den Bodanrück nach Konstanz weiterwandern; man kann aber auch mit dem Schiff auf die Insel Reichenau übersetzen, um hier den Spuren eines Zentrums der abendländischen Zivilisation nachzuspüren.

Lfd. Nr. 78   7760 Radolfzell

Anschriften	Tel.-Nr.	Zahl der Betten
Radolfzell-Information, im Bahnhof	07732/3800	
Gasthof »Adler«, Seestr. 34	07732/3473	24
Gasthaus »Kreuz«, Obertorstr. 3	07732/3373	19
Gasthaus »Krone«, Obertorstr. 2	07732/4804	11
Gasthaus »Lamm«, Kaufhausstr. 2	07732/3568	23
Gasthaus »Schützen«, Untertorstr. 4	07732/3404	20
Gasthaus »Seerose«, Mooser Straße 36	07732/3579	28
Hotel »Viktoria«, Bahnhofplatz 11	07732/3660	17

Hinweis: Es sind nur die Unterkünfte im Zentrum aufgeführt worden.

Tabellarischer Wegverlauf

Die fett gedruckten laufenden Nummern sind in die Höhenprofile eingezeichnet, um eine schnelle Ortsbestimmung zu ermöglichen. Alle laufenden Nummern sind an den jeweiligen Stellen in den Text eingefügt.

Lfd. Nr.	Ort / Punkt	Meereshöhe m	Entfernung km zum nächsten Punkt	Entfernung km von Freiburg	Unterkunftsmöglichkeit	Verpflegungsmöglichkeit	öffentliche Verkehrsmittel	Zusätzl. Information im Text
	1. Tag							
1	Freiburg-Merzhausen	280	1		x	x	x	
2	Burghöfe	370	2	1		x		
3	Wittnau	410	3	3	x	x	x	
4	Bollschweil	330	5	6	x	x	x	
5	St. Gotthardhof	360	2	11		x		
6	Staufen	290	1	13	x	x	x	
7	Grünern	290	2	14	x	x	x	
8	Kastelhof	400	2	16		x		
9	Sulzburg	350	4	18	x	x	x	x
	2. Tag							
10	Bad Sulzburg	490	4	22	x	x	x	x
11	Kälbelescheuer	990	2	26		x		
12	Weiherfelsen	960	1	28				
13	Haldenhof	929	1	29	x	x	x	
14	Heubronner Eck	960	3	30				
15	Hohkelch	1264	2	33				
16	Belchen(haus)	1414	3	35	x	x	x	x

	3. Tag							
17	Rabenfelsen	1000	5	38				
18	Schönau	521	3	43	x	x	x	x
19	Holzer Kreuz	814	2	46				
20	Dorwasen	960	1	48				
21	Sattelwasen	1042	1	49				
22	Herrenschwand	1025	2	50	x	x	x	
23	Weißenbachsättel	1079	3	52	x	x	x	x
24	Todtmoos	820	3	55	x	x	x	x
	4. Tag							
25	Hochstraße	942	2	58				
26	Lindau	940	1	60	x	x		
27	Kleinfreiwald	1070	2	61				
28	Unteribach	920	2	63	x	x	x	
29	Aussichtspunkt	1050	3	65				
30	Hohberg	1040	1	68				
31	Urbersäge	885	3	69				
32	St. Blasien	800	1	72	x	x	x	
33	Abzweigung Blasiwald	862	3	73				
34	Althütte	1100	1	76		x		
35	Rathaus Blasiwald	1000	2	77	x	x	x	x
36	Eisenbreche	910	1	79	x	x	x	

Lfd. Nr.	Ort / Punkt	Meeres-höhe m	Entfernung km zum nächsten Punkt	Entfernung km von Freiburg	Unter-kunfts möglichkeit	Ver-pflegungs-möglichkeit	öffentliche Verkehrs-mittel	Zusätzl. Information im Text
	5. Tag							
37	Sperrmauer	920	2	80				
38	Seebrugg	930	3	82	x	x	x	
39	Schluchsee	950	4	85	x	x	x	
40	Weggabelung Glaserhaus	1090	5	89				
41	Glashütte	1000	6	94	x	x	x	
42	Kreuzung B 315	840	4	100				
43	Schattenmühle	635	2	104	x	x	(x)	x
	6. Tag							
44	Dietfurt	630	2	106				
45	Bad Boll	620	3	108				
46	Schurhammer-Hütte	598	3	111		(x)		Kioskbetrieb an manchen Tagen
47	Wutachversickerung Rümmelesteg	593	3	114				
48	Wutachmühle	510	5	117	x	x	x	
49	Achdorf	539	5	122				x
50	Wutachflühe	640	2	127				
51	Bahnhof Lausheim-Blumegg	502	3	129		x		
52	Bahnhof Weizen	460	3	132	x	x	x	
53	Stühlingen Dt-schweiz. Grenze	450	3	135	x	x	x	x

	7. Tag							
54	Schleitheim	467	3	138	x	x	x	x
55	Strickhof	590	3	141				
56	Schloßranden	868	7	144				
57	Schaffhausen-Neubrunn	484	3	151				
58	Schaffhausen	405	1	154	x	x	x	x
	8. Tag							
59	Feuerthalen	405	3	155	x	x	x	
60	Paradis	400	5	158				
61	St. Katharinental	400	1	163				
62	Diessenhofen	400	3	164	x	x	x	
63	Schupfen	400	2	167		x	x	
64	Rheinklingen	419	4	169		x	x	
65	Wagenhausen	420	1	173	x	x	x	
66	Stein am Rhein	400	1	174	x	x	x	x

Lfd. Nr.	Ort / Punkt	Meeres-höhe m	Entfernung km zum nächsten Punkt	Entfernung km von Freiburg	Unter-kunfts möglichkeit	Ver-pflegungs-möglichkeit	öffentliche Verkehrs-mittel	Zusätzl. Information im Text
	9. Tag							
67	Dt.-schweiz. Grenze	420	1	175	x	x	x	
68	Öhningen	446	3	176	x	x	x	
69	Aspenhof	500	2	179				
70	Ober-Salen	586	2	181				
71	Langenmoos	687	2	183				
72	Honisheim	540	1	185				
73	Balesheim	473	2	186				
74	Horn	446	1	188	x	x	x	
75	Gundholzen	412	2	189	x	x	x	
76	Iznang	400	2	191	x	x	x	
77	Moos	400	3	193	x	x	x	
78	Radolfzell	400	–	196	x	x	x	x

1. Tag den

Aufbruch Uhr Ankunft Uhr

Mittagsrast von bis Uhr/Wetter:

Unterkunft:

Anmerkung:

2. Tag den

Aufbruch bis Ankunft Uhr

Mittagsrast von bis Uhr/Wetter:

Unterkunft:

Anmerkung:

3. Tag den

Aufbruch Uhr Ankunft Uhr

Mittagsrast von bis Uhr/Wetter

Unterkunft:

Anmerkung:

4. Tag den

Aufbruch Uhr Ankunft Uhr

Mittagsrast von bis Uhr/Wetter

Unterkunft:

Anmerkung:

5. Tag den

Aufbruch Uhr Ankunft Uhr

Mittagsrast von bis Uhr/Wetter:

Unterkunft:

Anmerkung:

6. Tag den

Aufbruch Uhr Ankunft Uhr

Mittagsrast von bis Uhr/Wetter:

Unterkunft:

Anmerkung:

7. Tag den

Aufbruch Uhr Ankunft Uhr

Mittagsrast von bis Uhr/Wetter:

Unterkunft:

Anmerkung:

8. Tag den

Aufbruch Uhr Ankunft Uhr

Mittagsrast von bis Uhr/Wetter:

Unterkunft:

Anmerkung:

9. Tag den

Aufbruch Uhr Ankunft Uhr

Mittagsrast von bis Uhr/Wetter:

Unterkunft:

Anmerkung:

Wir wären Ihnen sehr dankbar, wenn Sie uns Änderungen des Wegverlaufs, mangelhafte Bezeichnungen oder dergleichen auf nebenstehendem Blatt mitteilen würden.

Berichtigung

Bitte im Umschlag einsenden an Walz Wanderferien Verlag, D-7441 Neckartenzlingen.

Der Führer »Vom Breisgau zum Bodensee«, 1. Auflage, bedarf folgender Verbesserung bzw. Neufassung:

bitte wenden!

Absender:

Straße:

Postleitzahl, Ort:

Der Verlag ist berechtigt, diese Berechtigung dem Verfasser zur Bearbeitung einer neuen Auflage zuzustellen. Der Verlag wird bei Erscheinen dieser neuen Auflage dem Einsender ein Exemplar zum Vorzugspreis mit 50% Nachlaß anbieten.